beck **'sche** **reihe**

länder

W0191918

b **sr**

Australien ist der einzige Staat der Welt, der einen ganzen Kontinent umfaßt. Bei der Entdeckung durch die Europäer zu Beginn des 17. Jahrhunderts von etwa 300 000 Ureinwohnern besiedelt, diente Australien zunächst den Engländern als Strafkolonie, dann, nach der Entdeckung von Goldvorkommen um 1850, setzte ein breiter Strom von Einwanderern in die australischen Kolonien ein, die sich am 1.1.1901 zum Commonwealth of Australia zusammenschlossen. Nach den Olympischen Spielen im Jahr 2000 wird Australien im Jahr darauf also den 100. Jahrestag seiner staatlichen Vereinigung feiern können.

Johannes H. Voigt stellt die Eigentümlichkeiten jenes uns noch immer fernen Erdteils vor: eine Landschaft, die aus den ältesten Gesteinen der Welt geformt ist und die die unterschiedlichsten Klimazonen durchzieht; eine einzigartige Tier- und Pflanzenwelt; einen Multikulturalismus, der durch die Wiederentdeckung der Kunstformen der Aborigines eine spezifisch australische Prägung erhält; eine aufstrebende Kunstszene; eine geographische Lage, die eine besondere politische Verantwortung im asiatisch-pazifischen Raum mit sich bringt. Dieses Buch ist allen hilfreich, die das Land in seiner Eigenart gründlicher kennenlernen möchten und/oder die sich auf eine Reise zum 5. Kontinent vorbereiten.

Johannes H. Voigt ist Professor (i.R.) für Überseegeschichte der Universität Stuttgart. Er veröffentlichte zahlreiche Publikationen zur Geschichte und Politik Australiens.

Johannes H. Voigt

Australien

Verlag C.H. Beck

Mit 25 Abbildungen und 1 Karte

Abbildungen ohne Quellenangabe mit freundlicher Genehmigung
der Australian Tourist Commission.

Die Deutsche Bibliothek – CIP-Einheitsaufnahme

Voigt, Johannes H.:
Australien / Johannes H. Voigt. – Orig.-Ausg. – München :
Beck, 2000
    (Beck'sche Reihe ; 883 : Länder)
    ISBN 3 406 44783 X

Originalausgabe
ISBN 3 406 44783 X

Umschlagentwurf: + malsy, Bremen
Umschlagbilder: Seite 1: Opernhaus und Hafenbrücke in Sydney. –
Foto: Alain Chambon, © Image Bank
Seite 2: Ayers Rock – Foto: Australian Tourist Commission
Seite 3: Aborigine – Foto: Australian Tourist Commission
C. H. Beck'sche Verlagsbuchhandlung (Oscar Beck), München 2000
Gesamtherstellung: Kösel, Kempten
Gedruckt auf säurefreiem (alterungsbeständigem) Papier
(hergestellt aus chlorfrei gebleichtem Zellstoff
Printed in Germany

INHALT

POLITIK UND WIRTSCHAFT

MULTIKULTURELLES LEBEN

ANHANG

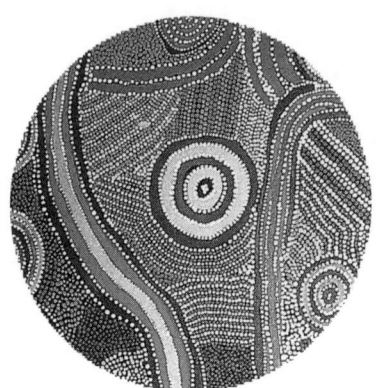

EINLEITUNG

Die Faszination, die Australien auf einen Mitteleuropäer ausübt, hat viele Ursachen. Die geographischen Formen des Kontinents – die Weite des Landes und die Größe der Städte, die den Erdteil umgebenden Meere und das von Wüsten und kargen Gebirgszügen durchfurchte Innere – könnten keinen größeren Kontrast bilden. Die Wandlungen, die Australien in seiner gut zweihundertjährigen Geschichte durchmachte, sind groß. Aus Strafkolonien wurde ein modernes, hochentwickeltes Staatswesen, das Einwanderer aus aller Welt anzieht.

Die Veränderungen jedoch, die es in jüngster Zeit durchgemacht hat, sind atemberaubend, ohne als solche in unseren Breiten wahrgenommen zu werden. Die Distanzierung vom britischen Mutterland, die Hinwendung zur asiatisch-pazifischen Nachbarschaft, das Aufgeben des Ideals einer „weißen Bevölkerung" zugunsten einer multikulturellen Gesellschaft und vor allem die neue Wertschätzung der Aborigines, ihrer Eigenarten und ihrer Kultur, geschahen innerhalb der letzten dreißig Jahre.

Nach dem Fiasko des Vietnamkrieges begann Australien sich auf seine eigene Welt und Umwelt zu besinnen. Die damit befreiten kreativen Kräfte sind überall im australischen Leben auszumachen: in der Gesellschaft, Wirtschaft und Politik, in Schulen, Wissenschaften und Künsten. Wer nimmt im selbstgewissen Europa schon wahr, daß Australien unter anderem in Bereichen der Biologie, Medizin und Astronomie zu den führenden Nationen der Welt gehört? Selbst unsere zum Jet-Set zählenden Wissenschaftler kommen bei einem Australienbesuch nicht aus dem Staunen heraus und brauchen Zeit, das dort Wahrgenommene nicht als Wunder, sondern als Realität zu begreifen.

Allzu selten werden bei uns die australischen Erfahrungen – positive wie negative – auf den Gebieten der Einwanderung und der staatlichen Förderung einer multikulturellen Gesellschaft zur Kenntnis genommen. Was bedeuten in der neuen Gesellschaft noch ethnische und überholte nationale Gegensätze?

Jeder dort Geborene erkennt den Einwanderer sogleich am fehlenden australischen Zungenschlag, den sich nur Sprachbegabte intuitiv aneignen. Aber sein Bemühen um Integration wird höher eingeschätzt als die „richtige" Sprache, die im britischen Mutterland einst als Signal der Klassenzugehörigkeit gewertet wurde. Die Eingliederung der Einwanderer in die australische Gesellschaft läßt die alten „Signale" in den Hintergrund treten; denn in der nächsten Generation ist man ja doch schon ganz Australier, auch im Akzent!

So manches Verhalten der Eingewanderten könnte ein mitteleuropäisches Gemüt aus der Fassung bringen. Ein eigenes Erlebnis mag das illustrieren. Als der Premier von New South Wales, Neville Wran, im Jahre 1983 den von deutschen Firmen und Vereinen in Australien gestifteten Gedenkstein zur Erinnerung an den Kommandeur der Ersten Flotte und ersten Gouverneur der Kolonie Arthur Phillip sowie dessen deutschen Vater Jakob Phillip im Botanischen Garten von Sydney enthüllen sollte, hatte der Vorsitzende der deutschen Vereine vergessen, eine Flagge der Bundesrepublik mitzubringen, um den Stein vor der Zeremonie damit zu bedecken. Sein polnischer Kollege, der wohl noch aus alter Gewohnheit das Nationale immer in greifbarer Nähe hatte, zog eine polnische Flagge aus der Tasche und bot sie dem Deutschen als Ersatz für die fehlende deutsche Fahne an. Dieser zeigte keinerlei Scheu, die polnische Flagge über den Gedenkstein zu legen, damit der Premier von New South Wales ihn denn auch enthüllen konnte. Die Gedanken des Premiers und anderer Beistehender waren nicht zu erraten, da die Band der Royal Australian Navy mit den Nationalhymnen – allerdings nur denen der Bundesrepublik Deutschland und Australiens! – zur Regungslosigkeit zwang. Aus australischer Sicht gab es keinerlei Probleme. Und wenn man es recht betrachtet: sind nicht zahlreiche Polen als Preußen oder Deutsche nach Australien ausgewandert?

Die australische Indifferenz der Herkunft gegenüber mag auch für das zusammenwachsende Europa ein nachahmenswertes Beispiel sein. Australien, der „jüngste" wie „älteste" Erdteil der Welt, hat uns mehr zu bieten, als wir uns träumen lassen. Im Jahr 2000 demonstrieren die Olympischen Spiele in Sydney Weltoffenheit, Fortschrittsglauben und Toleranz. Aus solcher Überzeugung und innerer Verbundenheit zu Australien wurde das vorliegende Buch geschrieben.

Einer der „Zwölf Apostel" im Port Campbell National Park. Diese spektakulären Felsformationen befinden sich nahe der Great Ocean Road im Südwesten Victorias

Altes Land und junge Städte

Der Fünfte Kontinent

„Ein hartes Land, Schrecken einflößend, weil so leer und so schweigend. Wir haben uns ihm noch nicht angepaßt. Wir können seine kontinentale Unermeßlichkeit nicht ertragen. Wir kauern uns in Großstädten zusammen und wenden die Augen von seiner grauen Leere ab, seinen brennenden Ebenen, seinem stillen Busch, seiner bedrückenden Eintönigkeit."

Brian Con Penton, 1941. (Übers. J. H. V.)

Australien, der einzige Erdteil, der zugleich ein Staat ist, liegt auf der Südhälfte unseres Planeten und Europa am fernsten, eben *„down under"*. Dieser sogenannte „Fünfte" und kleinste Kontinent mit fast 8 Millionen Quadratkilometern (genau: 7 692 024) hat außerdem eine Reihe von Außenbesitzungen. Zu diesen „External Territories" gehören: das Australian Antarctic Territory (südlich des 60. Breitengrades und zwischen dem 136. und 142. Längengrad), die Cocos (Keeling) Islands, Christmas Island, Nor-

---

Regionen und Bevölkerung

Staaten	Größe in km²	Bevölkerung in Mio.	Hauptstädte
Queensland	1 730 648	3,34	Brisbane (1,52 Mio.)
New South Wales	800 642	6,20	Sydney (3,88)
Victoria	227 416	4,56	Melbourne (3,28)
Tasmania	68 401	0,47	Hobart (0,20)
South Australia	983 482	1,47	Adelaide (1,08)
Western Australia	2 529 875	1,77	Perth (1,30)
Northern Territory	1 349 129	0,18	Darwin (0,08)
Australian Capital Territory	2 358	0,31	Canberra (0,31)
Australien	7 692 024	18,5	

Quellen: The Australian Department of Foreign Affairs and Trade, Fact Sheet No. 4. Juli 1997. Australian Bureau of Statistics: Australia Now – A Statistical Profile. Population, 25. 2. 1999.

---

folk Island, die Herald and McDonald Islands, das Territory of Ashmore and Cartier Islands und das Territory of Coral Sea Islands.

Der australische Kontinent zeigt viele Gegensätzlichkeiten und Widersprüche. Er ist im Innern relativ dünn besiedelt, hat aber in seinen Randgebieten fünf Millionenstädte, zwei davon mit über drei Millionen Einwohnern.

So wie er vor uns liegt, hat der Erdteil erst vor gut zehntausend Jahren seine heutigen Konturen erhalten: mit dem Ende der Eiszeit stieg der Meeresspiegel um über hundert Meter, die Bass Strait trennte vor etwa 12000 Jahren Tasmanien vom Festland, und vor etwa 8000 Jahren wurde die Verbindung zwischen Australien und Neuguinea an der Torres Strait durchschnitten. Dennoch haben sein jetziges Bild erdgeschichtlich uralte Kräfte geformt, die heute noch erkennbar sind.

Im Gegensatz zu Europa und Nordamerika haben die physikalischen Komponenten des Erdteils seit ihrer Entstehung vom Präkambrium vor mehr als dreieinhalb Milliarden Jahren bis zum Paläozoikum vor 250 Millionen Jahren relativ wenige Veränderungen erfahren. Dies erklärt die reichen Bodenschätze, die zu einem großen Teil im Tagebau gewonnen werden können. Es findet sich an der Oberfläche Gestein, das mit einem Alter von dreieinhalb Milliarden Jahren zum ältesten der Erde zählt. In Western Australia wurden versteinerte Mikroben gefunden, die als ebenso alt geschätzt werden. Somit sind in Australien auch die frühesten Anzeichen von Leben auf unserer Erde zu finden. Einst war Australien Teil des riesigen Kontinents von Gondwana und Pangäa, aus dem es sich vor 35 Millionen Jahren herauslöste.

Der australische Kontinent ist in großen Teilen im Westen von wüstenähnlichen Gebieten durchzogen, im Nordosten von tropischen Wäldern umsäumt, und im Südosten von fruchtbarem Boden bedeckt. Karge und dürre Gebiete enthalten einen großen Reichtum an Bodenschätzen. Flora und Fauna weisen Eigentümlichkeiten auf, die nur hier zu finden sind. Und die eigentlichen Australier, die Aborigines, haben über Jahrtausende ihre Lebensformen der Umwelt angepaßt und sie damit in ihrer Einmaligkeit erhalten.

Erst vor gut 200 Jahren begann die Einwanderung von Europäern, die dem Kontinent ein völlig anderes Gesicht gaben. Metropolen sind inzwischen Millionenstädte geworden, während das

Innere weitgehend menschenleer geblieben ist. Doch auch dort ist die ursprüngliche Natur stark verändert worden.

Aus der Vogelperspektive

Wer mit dem Flugzeug von Singapur kommend mit Sydney als Ziel den Kontinent diagonal überquert, wird unter sich anfangs ein helles Land gewahr, das von vielen Wasseradern mit fein verästelnden Creeks durchzogen und mit großen Salzseen bedeckt ist. Es verändert allmählich seine blasse Farbe in ein „irdisches" Braun, dessen unterschiedliche Intensität Höhen und Tiefen vermuten lassen, bis schließlich feine, wie mit einem Lineal gezogene Striche erkennbar werden. Es sind von Menschenhand geschaffene Verkehrswege. Bald werden vereinzelte Punkte als *stations* (Einzelgehöfte) erkennbar, untrügliche Zeichen von Besiedlung und Nutzung des Landes. Natürliche Markierungen der Natur sind Uluru (Ayers Rock), der große Monolith im Zentrum des Kontinents, und nicht weit entfernt davon die Rundblöcke des Kata Tjuta (Mount Olga). Sie sind umsäumt von künstlichen Anlagen, zumeist Hotels für die eine urtümliche Natur suchenden Touristen. An anderer Stelle tauchen große Veränderungen der Erdoberfläche auf, in ihren Naturfarben riesigen Aboriginal Malereien ähnlich – hier jedoch Merkmale eines Abbaus von Bodenschätzen. Dem Ziele an der Ostküste näher werden die Siedlungen größer, das Netz der Verkehrsadern dichter, und die Farbe des Landes wechselt von braun zu grün. Die südöstliche Küstenregion, von einer überwiegend bewaldeten Bergkette durchzogen, präsentiert sich als fruchtbares Weide- und Ackerland.

Eine diagonale Überquerung macht die dreiteilige Gliederung des australischen Erdteils dem bloßen Auge erkennbar: von der Westküste bis zur Mitte des Kontinents erstreckt sich das aus einem früheren Hochgebirge entstandene westaustralische Tafelland, das im allgemeinen zwischen 200 und 800 m hoch ist, durchzogen noch von Bergketten, die bis zu 1500 m aufragen. Der Westen umfaßt – von einem fruchtbaren südwestlichen Gürtel eingesäumt – die großen Sandwüsten: Great Sandy Desert, Gibson Desert, Simpson Desert, Victoria Desert und die Nullarbor Plain, die mit drei Millionen Quadratkilometern etwas mehr als ein Drittel des Kontinents ausmachen. In der Landschaft überraschen

Eigentümliche Kalksteinformationen: The Pinnacles in Western Australia. –
Foto: I. Voigt

eigentümliche Formen, wie die Pinnacles und der Wave Rock in Western Australia, die bereits erwähnten Felsblöcke Uluru und Kata Tjuta, die Devil's Marbles und viele andere interessante Felsbildungen im Zentrum des Kontinents.

Die weitgehend lebensfeindliche Zone im Westen geht nach Osten hin in die sogenannte mittelaustralische Senke über, mit drei größeren Becken: dem Carpentaria-Becken, dem Murray-Becken und dem selten mit Wasser gefüllten und meist nur eine Salzkruste zeigenden Eyre-Becken mit dem gleichnamigen See, der zum größten Teil unterhalb des Meeresspiegels liegt. Aus der Senke ragen jedoch hier und da Berge bis zu 300 m Höhe auf. Daß es in diesem mittelaustralischen Raum überhaupt eine Vegetation gibt, ist vor allem dem Great Artesian Basin zu verdanken, dessen Wasser hier und da an die Oberfläche tritt oder geholt wird. Im Osten wird der Kontinent von einem Hochland begrenzt, dessen Kamm die 3000 km lange Gebirgskette der Great Dividing Range darstellt. Dieser Gebirgszug umfaßt die Australischen Alpen im Südosten mit dem höchsten Berg des Kontinents, dem Mount Kosciusko (2228 m).

Das von Westen her langsam ansteigende Bergland und Gebirge

fällt nach Osten hin steil ab, um einem unterschiedlich breiten und sehr fruchtbaren Küstenstreifen Raum zu geben, an dessen Saumende die Metropolen des Kontinents entstanden: Sydney, Melbourne, Adelaide und Brisbane. Perth im Südwesten verdankt seine Entstehung einer fruchtbaren Landschaft und einem günstigen Landungspunkt an der Westküste. Darwin im tropischen Norden war und ist ein Ausfallstor zum Südwestlichen Pazifik, und Hobart auf der südlichen Insel Tasmanien begann seine Existenz als abgeschiedener Verbannungsort. Die australische Küste mißt 36 738 km. Entlang der nördlichen Hälfte der Ostküste zieht sich das Great Barrier Reef auf etwa 2000 km Länge, ein Korallenriff, das die Küste schützt, jedoch in früheren Zeiten nicht wenigen Schiffen zum Verhängnis wurde. Heute ist es aber durch Umweltzerstörung bedroht.

Klima, Flora und Fauna

Australiens Jahreszeiten sind denen unserer Nordhälfte des Erdballs entgegengesetzt: man genießt dort den Sommer – oder leidet auch unter ihm –, wenn in unserem Mitteleuropa der kalte Winter herrscht, und hat dort einen im allgemeinen milden Winter, wenn wir uns den hiesigen Sommerfreuden hingeben. Während im tropischen Drittel Australiens und teilweise in der subtropischen Zone sozusagen immer Sommer ist, herrschen im australischen Winter in den Australischen Alpen und in Tasmanien allerdings frostige Temperaturen.

Australien ist der trockenste und heißeste Kontinent der Erde, in seinem Innern mit Wasser nur dürftig gesegnet. Im westlichen Teil des im Süden dem Kontinent vorgelagerten Tasmanien fällt der meiste Regen, der das Land zu einer buchstäblich „grünen Insel" macht. Im australischen Sommer (November bis April) streift der Nordwestmonsun den Erdteil, im Winter bläst aus dem Südosten der sogen. *Trade Wind,* der einst die Fahrt der Segelschiffe nach Australien beschleunigte. Der zwischen beiden liegende subtropische Hochdruckgürtel hält den Regen fern und verursacht so die Trockenheit des Kontinents. Australien kann sich mit dem zweifelhaften Titel schmücken, der sonnenreichste Erdteil zu sein. Zweifelhaft auch deshalb, weil Australien gleichzeitig das Land mit der höchsten Hautkrebsrate der Welt ist – und das Ozon-

*Es gibt rund 50 Känguruh-
Arten, die Roten Känguruhs
werden bis zu 1,5 m groß*

loch über der Antarktis wächst weiter. Creeks führen nur nach den unterschiedlich häufigen Regenfällen Wasser. Allein der große Murray River, im Südosten des Kontinents, verliert seinen Flußcharakter nie.

Buschfeuer, sei es durch Selbstentzündungen zu Trockenzeiten entstanden, sei es durch Feuerlegen verursacht, wie von den Aborigines traditionell seit Jahrtausenden praktiziert, sind in ihrer Wirkung der australischen Vegetation vielfach nützlich. Es gibt eine ganze Reihe von Pflanzenarten, die bei der Sprengung ihrer Fruchtkapseln von der Kraft des Feuers abhängig sind (Pyrophyten). Da die Feuer nicht immer kontrolliert werden können, entstehen nicht selten große Brandschäden in waldreichen Regionen, aber auch in besiedelten Gebieten. Sandstürme, Zyklone und Tornados sind unberechenbare Extreme des australischen Wetters. Sie richten in unregelmäßigen Zeitabständen große Verwüstungen an, wie im Jahre 1974, als die Stadt Darwin von einem Zyklon fast vollständig zerstört wurde. Die australischen Alpen im südöstlichen Teil der Great Dividing Range sind zur Winterszeit meist mit Schnee bedeckt und bieten ein „mitteleuropäisches" Klima.

Die mannigfaltige Vegetation ist natürlicherweise von den Böden und vom Klima geprägt. Typisch und endemisch sind die Eukalyptusbäume und -sträucher (*Myrtaceae*), die in etwa 80 Gattungen und 3000 Arten in fast allen Zonen des Kontinents wachsen. Eine Berühmtheit der Flora ist der *Eucalyptus regnans,* der über hundert Meter hoch werden kann. Die an Trockenheit gewöhnten Akazien (*Mimosaceae)* weisen eine den Eukalypten ähnliche Vielfalt auf. Die nach Cooks Naturwissenschaftler Joseph Banks benannte Gattung der *Banksia* gehört zur Familie der *Proteaceae.* Neben Wäldern, die im Nordosten den Charakter tropischer Regenwälder haben, gibt es viele relativ trockene Gebiete, die mit Sträuchern mehr oder weniger dicht bewachsen sind: bei dichtem Bewuchs spricht man von *Mallee,* ansonsten von *Mulga,* Bezeichnungen, die von den Aborigines übernommen wurden. Spärlich ist die Vegetation in den wüstenähnlichen Gebieten. Spinifex-Gras und der Salzbusch haben hier ihre Heimat. Man schätzt, daß inzwischen etwa 15% der Flora eingeführt sind. In den letzten 50 Jahren wurden 463 Arten importiert, von denen nur 5% als Futterpflanzen dienen, über 13% aber heute als Unkraut bekämpft werden.

Die Zahl der Tierarten auf dem australischen Kontinent wird auf eine Viertelmillion geschätzt, die jedoch nicht einmal zur Hälfte erfaßt sind.

Ihren unverwechselbar australischen Charakter erhält die Fauna durch die Beuteltiere, von denen es an die 150 Arten gibt: von den auf starken Hinterläufen sich springend fortbewegenden Känguruhs über die träge in Eucalyptusbäumen sitzenden Koalabären bis zum grimmig aussehenden Tasmanischen Teufel. Der straußenähnliche Emu ist zwar der größte Vogel, rast aber nur noch mit hoher Geschwindigkeit auf ebener Erde dahin. Der durch seinen lachenden Gesang Australier wie Besucher des Landes aufregende Kookaburra ist eine australische Version unseres Eisvogels. Selten zu Gesicht bekommt man den Leierschwanz, dessen kunstvoll geschweiftes Gefieder wie eine überschwengliche Gabe der Natur anmutet, die das Auge entzückt. Der urtümliche, einem Leben im Wasser voll angepaßte Platypus mit seinem Entenschnabel verwirrte lange die Zoologen. Es gibt viele Arten australischer Reptilien, die „vorsintflutlichen" Charakter haben: Geckos, Schildkröten, Schlangen, Warane, Krokodile, um nur einige zu nennen. Allgemein gesprochen ist in Australien eine Artenwelt anzutreffen, die es sonst nirgendwo auf der Erde gibt: 88% der Reptilien, 70% der Vögel und 94% der Frösche sind nur hier heimisch. Der schon vor etwa 10 000 Jahren aus Südostasien eingeführte Hund, genannt Dingo, ist das einzige Raubtier, das die größere australische Tierwelt zu fürchten hat. Weil er sich nicht selten an Schafen vergreift, haben die Schafzüchter ihn auf ihre Abschußliste gesetzt.

Schutzbedürftige Natur

Die australische Tier- und Pflanzenwelt ist durch den Menschen bedroht, der das Land 200 Jahre lang „ausbeutete" und störende Pflanzen und Tiere beseitigte. Viele Arten der Flora und Fauna sind seitdem ausgestorben. Die Erhaltung des ökologischen Gleichgewichts auf ihrem Erdteil ist eine Hauptsorge australischer Biologen und Naturschützer. Nirgendwo ist sie so dringend und nirgendwo eine so umfassende und wahrhaft „kontinentale" Aufgabe. Weniger als hundert Jahre nach dem Beginn der europäischen Landnahme wurde die Bedrohung der einzigartigen Natur erkannt und ihr Schutz angemahnt.

Obgleich dünn besiedelt und relativ abgeschirmt als Insel hat Australien Umweltprobleme. Solange die Aborigines noch allein den Erdteil bevölkerten, waren sie auch gleichsam die Hüter eines ökologischen Gleichgewichts, indem sie dem Land nur das nahmen, was es leicht reproduzierte. Künstlich entfachte Brände dienten der Erneuerung der Vegetation.

Mit den ein- und vordringenden weißen Siedlern und Viehzüchtern begann die Zerstörung der einheimischen Flora und Fauna, insbesondere durch eine rücksichtslose Ausnutzung und Ausdehnung der Weidegebiete für Schafe und Rinder. Das Bild des heldenhaften Pioniers und „Buschmannes" bedurfte einer abschreckenden Darstellung der natürlichen Umwelt, eines unheimlichen und grotesken „Never-never", dem man nur mit größtem, oft ebenso unbarmherzigem Einsatz begegnen müsse.

Der Preis für die wirtschaftliche Nutzung und den „Kampf" gegen eine eingebildet „feindliche Natur" war immens. Seit der europäischen Landnahme gingen etwa 75% der Regenwälder und 40% aller Wälder verloren; etwa 70% der einheimischen Ve-

getation wurden durch den Ackerbau und die Besiedlung zerstört. Mit der Zerstörung gehen jährlich über 600 000 ha Land verloren. Die Zahl einheimischer Pflanzen- und Tierarten schrumpft zunehmend.

Die 1859 aus Europa eingeführten und in die Wildnis entlassenen Kaninchen fanden in Australien ideale Lebensbedingungen für ihre Art und wurden schon nach wenigen Jahrzehnten zu einer Plage der Viehzüchter. Keine Einzäunung, keine großangelegte Treibjagd und kein chemisches Mittel konnte ihre Verbreitung mit bleibendem Erfolg eindämmen. Auch die um die Mitte des 19. Jahrhunderts als Lasttiere für Expeditionen eingeführten Kamele verwilderten, als sie nicht mehr gebraucht wurden. Achtzehn eingeführte Tierarten, wie Katzen und Hunde, Schweine, Büffel und Pferde wurden zu einem großen Teil der nicht gegen sie gewappneten einheimischen Fauna zum Verhängnis, von der Wirkung auf die Flora ganz zu schweigen.

Inzwischen sind zahlreiche einheimische Tierarten ausgestorben: etwa die Hälfte der in der Welt in den letzten zwei Jahrhunderten ausgerotteten Säugetierarten wurde in Australien ausgelöscht. An Beuteltieren wurden von 144 einheimischen Arten zehn vernichtet, und acht von 53 einheimischen Nagetieren. Auf das Artensterben machten Biologen schon frühzeitig aufmerksam.

Der aus Rostock stammende, in Melbourne wirkende Botaniker Ferdinand von Mueller warnte schon in der zweiten Hälfte des 19. Jahrhunderts eindringlich vor der Gefahr, die ein Verlust einheimischer Pflanzenarten mit sich brächte.

Als die westliche Welt allmählich auf das Problem der Umweltzerstörung aufmerksam wurde, war man in Australien schon konkret damit konfrontiert. Der sogenannte *mineral boom* drohte in relativ unberührten Gebieten einen nicht wieder gutzumachenden Schaden anzurichten, ganz abgesehen von der Bedrohung der Lebenswelt der Aborigines. 1965 schon wurde die Australian Conservation Foundation in Melbourne mit Zweigstellen in anderen Hauptstädten gegründet. Sie ist eine unabhängige Organisation, die sich inzwischen auf die freiwillige Hilfe von 22 000 Mitarbeitern stützt und unter anderem erreicht hat, daß das Great Barrier Reef 1975 zum *Marine Park* erklärt wurde und mit 344 000 km^2 oder 98,5% der Fläche in die *World Heritage List* aufgenommen wurde. Unterstützt wurde das Unternehmen staatlicherseits von einer 1972 beschlossenen *Environmental Fact Finding Study*.

Ins öffentliche Bewußtsein gelangte die Problematik vor allem dadurch, daß anerkannte Persönlichkeiten den Umweltschutz zu einem brennenden Anliegen machten. Die Dichterin Judith Wright artikulierte die Umweltprobleme auf ihre Weise und auch auf der politischen Plattform. Es ist sicherlich kein Zufall, daß sie sich gleichzeitig auch für die Sache der Aborigines einsetzte; denn deren Entwurzelung begann mit der Zerstörung ihrer natürlichen Umwelt, in der ihre Vorfahren Tausende von Jahren gelebt hatten. Die 1976 gegründete Wilderness Society setzte sich anfangs vor allem für den Schutz des besonders durch den Uranabbau gefährdeten Kakadu Nationalparks im Northern Territory ein. Inzwischen stehen weitere bedrohte Naturlandschaften auf ihrem Schutzprogramm.

Das erste Gesetz zum Schutze der Umwelt war der *Environment Protection Act* vom Jahre 1974, der vor allem wegen seiner Definition von „Umwelt" bedeutsam wurde. Es folgte eine Kaskade von Gesetzen auf der Ebene des Commonwealth und der einzelnen Staaten. Nachdem der Prime Minister Ende 1982 zusätzliche Ausgaben in Höhe von über 150 Millionen Australischen Dollar für die nächsten vier Jahre zum Schutze der Umwelt angekündigt hatte, wurde im Jahr darauf zur Implementierung internationaler Verträge ein Gesetz zur *World Heritage Properties Conservation* vom Parlament angenommen.

Neben dem Commonwealth-Engagement gibt es inzwischen ein ganzes Netz von staatlichen, regionalen, kommunalen und privaten Organisationen, die den Schutz der Umwelt zu ihrer Aufgabe gemacht haben. Der australischen Regierung steht die Australian Nature Conservation Agency als beratendes Gremium in allen wichtigen Fragen zur Seite. *Greening Australia* ist eine Organisation, deren Ziel die Wiederherstellung einheimischer Vegetation ist. Sie setzt mit kommunaler Hilfe das von der Regierung 1989 beschlossene *One Billion Trees Program* in die Tat um. Internationale Anerkennung fand 1983 der erfolgreiche Protest gegen einen Dammbau am Franklin River in Tasmania.

Gegenwärtig sind 461 Gebiete zu Nationalparks erklärt, zusammengenommen fast 3% der Landfläche des Kontinents. Daneben gibt es sogenannte Wilderness Areas, etwa 18% von Tasmania sind so eingestuft. Zur *World Heritage List,* die weltweit 340 Gebiete umfaßt, gehörten Anfang 1993 schon zehn australische: das Great Barrier Reef, der Kakadu National Park, der Uluru National Park, das feuchte Tropengebiet von Queensland, die subtropischen Regenwälder sowie die Willandra Lakes Region von New South Wales, Fraser Island, die Tasmanische Wildnis, Shark Bay und die Lord Howe Inselgruppe. Ursprüngliche Landschaft und unberührte Natur sind neben der uralten Kultur der Aborigines die größten Schätze, die Australien ins Weltkulturerbe einbringt.

Die wichtigsten Städte

Das riesige Land mit seinen immensen Bodenschätzen bietet die Lebensgrundlage für eine Gesellschaft, die sich weitgehend in großen Metropolen, den Hauptstädten der Staaten und Territorien, zusammenballt. Hier leben 85% der Bevölkerung, zumeist in den sich riesig dehnenden Vororten, und am liebsten im Eigenheim mit kleinem Vorgarten und gestutzten Obstbäumen auf dem Rasen hinterm Haus. Natürlich gab es schon früh Reihenhäuser, aber erst seit einigen Jahren haben sie in modernen Formen auch in kleineren Städten Einzug gehalten. Die vor dreißig Jahren einsetzende Kostenexplosion bei Immobilien hat zu Veränderungen auch im äußeren Bild beigetragen.

Sydney

Sydney ist die größte Stadt des Kontinents, die sich mit fast 3,9 Millionen Einwohnern vom Port Jackson aus weit ins Landesinnere ausbreitet. Sie schmückt sich mit der natürlichen Schönheit des Meeresarms, seinen Buchten, Hügeln und Stränden. Eingepfercht zwischen der Küste mit den Heads am Einfahrtstor zu Port Jackson im Osten, den Blue Mountains im Westen – einem Teil der Great Dividing Range –, Botany Bay im Süden und Broken Bay im Norden, ballen sich hier das Geschäftszentrum der City, weitgedehnte Vororte und Industriegebiete zu einem Konglomerat zusammen, das sich zwar Sydney nennt, aber adressenmäßig mehr an den Stadtteilen orientiert ist, die sich zum Teil sehr stark unterscheiden und nicht selten einen bestimmten ethnisch vorherrschenden Charakter angenommen haben.

In der City mit Circular Quay, Opernhaus, der großen eisernen Bogenbrücke, die man im Volksmund den „Kleiderbügel" nennt, und den Rocks, schlägt das Herz der Metropole. Hier pulsiert das Leben der Stadt, zu dem nicht allein die nur noch selten *bowlerhats* tragenden Bankangestellten und die mit Regenschirm ausgestatteten Verwaltungsbeamten und Geschäftsleute im Laufe des Vormittags forsch hineilen, sondern auch die besonders geschäftig nach allen Seiten photographierenden Touristen gehören, die in der Mehrzahl aus Asien kommen.

Die Rocks und die City, deren Silhouette schon vom Flughafen aus beeindruckt, bieten auf engstem Raum viel Sehenswertes: alte Gebäude aus der Gründerzeit, wie das Parliament House (1811–16), die Hyde Park Barracks (1817), St. James' Church (1819), usw. Die Straßen der City mit ihren *shopping malls*, Läden, Restaurants und Cafés sind zwar eng und lassen durch die hochaufragenden neuen Gebäude, die oben im hellen Lichte erstrahlen, kaum noch die Sonne herein. Fußgängern wie Autofahrern zuliebe erhält die Innenstadt zur Olympiade eine verbesserte Verkehrsführung.

Am Darling Harbour findet der Tourist ein reiches Angebot an kleineren Souvenirs und kann sich am bunten Treiben von seinesgleichen ergötzen. Durch den Botanischen Garten, vorbei an alten

Bäumen und dem Sitz des Gouverneurs, führt der Weg zum weißen, Segeln oder Muschelschalen nachempfundenen Gebäude der Oper, das auf einem künstlich aufgeschütteten Vorsprung in den Port Jackson hineinragt. Eine Pause im Café auf seiner Plattform ist beinahe wie eine Bootsfahrt, wie man sie auf einer Fahrt mit der Fähre zum Taronga Park mit dem Zoo erleben kann. Wen es nach einem ausgefüllten Tag in City und Zoo nach weiterem Vergnügen verlangt, dem bietet die Oper ein breites Programm, und wem das nicht liegt, der findet mit Sicherheit das gewünschte Entertainment in King's Cross, dem Stadtteil, in dem die Lichter erst frühmorgens verlöschen.

Melbourne

Erst 1835 an Hobson's Bay an der Südküste gegründet ist die heute knapp 3,3 Millionen Einwohner zählende Hauptstadt des Staates Victoria die jüngere der beiden großen Rivalinnen. Schon zwei Jahrzehnte nach ihrer Gründung holte sie Sydney allmählich ein, und es dauerte nicht lange, bis sie als *„Marvellous Melbourne"* tituliert die Metropole am Port Jackson zu übertreffen begann, an

*Der Mut zur Besteigung des oberen Bogens der Hafenbrücke,
bridgeclimb, wird mit einer atemberaubenden Aussicht belohnt.
– Foto: Panoscapes, Peter Lik*

Reichtum, am daraus entspringenden Kulturschub, zeitweise an
Bevölkerung und schließlich auch an politischem Einfluß. Nach
der Gründung des Commonwealth of Australia im Jahre 1901
fungierte Melbourne bis 1927 als Hauptstadt des Landes.

Zwar ist der Kern der Stadt auch im Schachbrettmuster angelegt, aber in einer großzügigeren Planung als in Sydney. Auch hier
gilt, daß die Stadt sich aus vielen Teilen unterschiedlichen Cha-
rakters zusammensetzt. So ist in der City noch das alte, inzwischen sich ausdehnende Chinesenviertel aus der Goldgräberzeit
erhalten geblieben. Obgleich im Ersten Weltkrieg deutsche Ortsnamen getilgt wurden, gibt es hier noch Stadtteile, die Heidelberg
oder Coburg heißen.

Das Wunder, mit Sydney in der zweiten Hälfte des 19. Jahrhunderts konkurrieren zu können, vollbrachte das Gold, das um
die Jahrhundertmitte in Victoria entdeckt wurde und von den
Goldgräbern über Melbourne den Weg in die Banken und Börsen
der Welt fand. Die Bevölkerung bestand vor allem aus den zig-
tausend gestrandeten *diggers*, die nach dem Goldrausch gezwungen waren, sich eine solide Existenz aufzubauen. Zahlreiche

kunstvoll gestaltete Gebäude, seine Sammlung von Kunstschätzen und seinen Ruf als Kunstmetropole verdankt Melbourne dem Gold. Noch heute zehrt es vom Ruhm seiner kulturellen Größe, verbunden in der Musik mit dem Namen der weltbekannten Sängerin Nellie Melba (1861–1931) und in der Malerei mit der Heidelberg School und ihrem letzten großen Exponenten Hans Heysen. Ein Besuch der modernen National Gallery of Victoria mit Schätzen aus Europa und Asien läßt den Reichtum erahnen, der mit dem Gold kam.

Wie der Kunst so haben die Gründungsväter auch der Wissenschaft Tempel gebaut, sei es im National Museum, in der State Library of Victoria oder in der Melbourne University; zwei weitere Universitäten sind in den letzten Jahrzehnten hinzugekommen. Mediziner und Biologen haben in Melbourne Triumphe ihres Faches gefeiert. Die Industrie hat in dieser Stadt mit seinem Menschenpotential, seiner Finanzwelt und seinem natürlichen Hafen beste Entfaltungsmöglichkeiten, um weiterhin mit Sydney zu konkurrieren, nunmehr unter gleichen Bedingungen. Zwar wird Sydneys Olympic Park die vor fast einem halben Jahrhundert gebauten olympischen Sportanlagen Melbournes in den Schatten stellen, aber mit dem geplanten höchsten Gebäude der Welt gewinnt Melbourne einen Pluspunkt, der ihm nicht so leicht abgejagt werden kann.

Nichts ist leichter, als sein Geld in den Geschäften der Stadt auszugeben. Die Arkaden der City offerieren alles, was zur mondänen Welt gehört. Denn elegant kleidet man sich in Melbourne, wann immer sich eine Gelegenheit dazu bietet, also nicht nur zum Konzert in der Myer Music Bowl oder am *Cup Day*, wenn die Rennpferde und Jockeys ihr Bestes geben, oder wenn in den Australian Open die Tennisasse der Welt aufeinandertreffen. Melbourne ist um einige Grade konservativer als Sydney; ob es aber auch „britischer" ist (wie häufig behauptet), mag man zu Recht bezweifeln. Die kühlere Atmosphäre läßt sich wohl eher dem kontinental-europäischen Einschlag zuschreiben als victorianischer Prüderie oder dem Klima.

Wem es zu heiß werden sollte, der erfreue sich am Yarra River in einem Café bei einem kühlen Trunk an dem geruhsamen Leben auf dem Fluß oder am geschäftigen Betrieb der Flinders Street Station. Einen größeren Gefallen tut man sich, wenn man mit der grün-gelb gestrichenen Straßenbahn etwas weiter auf der St Kilda

Flinders Street Station in Melbourne,
erbaut um 1910

Road zum monumentalen Kriegerehrenmal, dem Shrine of Re-
membrance, fährt und die Royal Botanic Gardens mit ihrem
weltberühmten Herbarium besucht. Hier findet man Schatten
und Ruhe unter Bäumen aus aller Welt und Pflanzen, die der
deutsch-australische Botaniker Freiherr Ferdinand von Mueller in
Melbournes Boomzeit zusammengetragen hat. In dem einst von
ihm gestalteten Garten wird der aufmerksame Besucher auch die
leerstehenden Observatorien entdecken, die der bekannte deutsche Naturwissenschaftler Georg von Neumayer dort errichtete.

Wie zur Tageszeit konservativer, so scheint Melbourne zur
Nachtzeit gesetzter zu sein als Sydney, was während des Goldrausches nicht der Fall war, wenn man alten Berichten Glauben
schenkt; aber das seit einigen Jahren gefeierte karnevalartige
Moomba Festival straft solche rufschädigenden Aussagen Lüge.
Melbourne ist weiterhin „*marvellous*", aus welcher Perspektive
man es auch anschaut.

Canberra

Die junge Hauptstadt Australiens verdankt ihre Entstehung der
Rivalität zwischen Sydney und Melbourne, von denen nach dem

Zusammenschluß der sechs Kolonien keine der anderen den politischen und wirtschaftlichen Vorteil gönnte, der von einer solch herausgehobenen Stellung zu erwarten war. New South Wales bot Land in günstiger Lage, das als Australian Capital Territory 1911 einen Sonderstatus erhielt, und Melbourne fungierte bis zum Einzug der Abgeordneten ins Parlaments im Jahre 1927 stellvertretend als Hauptstadt Australiens.

Canberra entstand auf dem Reißbrett; der erste Entwurf des amerikanischen Stadtplaners Walter Burley Griffin wurde inzwischen mehrfach abgeändert. Die Stadt zählt mittlerweile über 330 000 Einwohner. Die ursprüngliche Konzeption mit einem Geschäfts- und Versorgungsviertel nördlich des nach Burley Griffin benannten künstlichen Sees, dem Regierungsviertel auf der Südseite und einer Achse vom War Memorial zum Parlamentsgebäude konnte zwar im Kern erhalten werden: das vor einigen Jahren schon vom Abbruch bedrohte Geschäftszentrum wurde von Denkmalschützern gerettet, und das neue, 1988 eingeweihte Parlamentsgebäude auf dem Capital Hill steht auch in der Fluchtlinie des War Memorial. Aber die vielen satellitenartig angeschlossenen Vororte mit neuen Geschäftszentren, wie Woden Valley oder Belconnen, geben der Stadt einen neuen großstadtartigen Charakter.

Denn inzwischen hat man herausgefunden, daß man in Canberra sowohl gut leben wie gut arbeiten kann, nicht nur aus Gründen des Klimas, das dem mitteleuropäischen sehr ähnlich ist, sondern auch der dort herrschenden Atmosphäre wegen. War zunächst das War Memorial mit seinen martialischen Objekten und ethisch wie ästhetisch problematischen Schlachtenmalereien die Hauptattraktion, so sind es nunmehr die neue Kunstgalerie, die Nationalbibliothek, die Academy of Science oder auch die Menzies Library der 1946 gegründeten Australian National University mit ihren diversen Ausstellungen. Der künstliche Lake Burley Griffin, dessen Fontäne das Wasser noch etwas höher schleudert als die im Genfer See, lädt im Sommer zu einer Rundreise mit dem Motorboot oder auch zu einer Ruderpartie ein. Vom Fernsehturm auf dem Black Mountain hat der Besucher einen Blick auf die Hauptstadt mit ihren weit ins hügelige Land ausgreifenden Straßen, an deren Enden die Vororte liegen. Nicht weit entfernt ragen die blitzenden Kuppeln der Observatorien auf

Mount Stromlo in die Höhe, von denen aus die Astronomen die Sternenwelt der südlichen Hemisphäre beobachten. Der Regenwald des National Botanic Garden gewährt unter seinem kühlenden Laubdach dem Naturfreund viele Eindrücke der Fauna und Flora.

Des Abends kann sich der Besucher im Theater an Aufführungen lokaler Provenienz erfreuen, aber auch an Gastspielen von Ensembles aus Sydney, Melbourne und anderen Städten. Das öffentliche Nachtleben endet jedoch spätestens mit dem Essen in einem der vielen Restaurants, die durchaus manches kulinarisch Exotische zu bieten haben. Politiker, Verwaltungsbeamte und Geschäftsleute müssen morgens eben früh aus dem Bett, und die geben in Canberra noch immer den Ton an.

Brisbane

Als Hauptstadt von Queensland mit über anderthalb Millionen Einwohnern erfreut sich Brisbane eines warmen, subtropischen Klimas und eines pulsierenden Lebens. Nichts deutet mehr auf seine Anfänge zu Beginn des neunzehnten Jahrhunderts als Verbannungsort für Sträflinge hin. Drei Faktoren machen gegenwärtig seine herausgehobene Stellung aus: die vom Zuckerrohranbau geprägte Landwirtschaft, das nahe gelegene Great Barrier Reef und die Industrie. Harte landwirtschaftliche Saisonarbeit, die Dienstleistungen der Tourismusbranche, die in der Umgebung angesiedelte Industrie, aber auch die im Binnenland geförderten Bodenschätze erwirtschaften den Wohlstand der Banken und Geschäfte, der sich in den großen Gebäuden auf beiden Ufern des die Stadt durchschneidenden Brisbane River widerspiegelt. Moderne „Stelzenstraßen" am Flußufer sorgen für einen staufreien Verkehrsablauf. Auch Brisbane hat in der City ein Schachbrettmuster von Straßen; eine von ihnen wurde zur Fußgängerzone umfunktioniert, um einem bunten Leben und Treiben freie Bahn zu lassen.

Am Südufer des Flusses wurde vor anderthalb Jahrzehnten ein Museumszentrum gebaut, dem eine Kunstgalerie und die State Library angeschlossen sind. Mit dem Bus ist die Queensland University in St Lucia zu erreichen, ein in gelbem Naturstein errichtetes Gebäude um einen großen Innenhof mit violettblau blühenden Jakarandabäumen. An der Moreton Bay – zur Verbannungszeit ein berüchtigtes Synomym für harte Strafe – kann man heute gelassen ein Bad im Meer nehmen. Wem das nicht reicht und wer in einer üppigeren Gegend Badefreuden genießen will, der fahre zu der nahegelegenen Gold Coast mit ihrem weiten Strand und paradiesischen Atmosphäre. Weiter entfernt im Norden liegen die Touristenattraktionen des Great Barrier Reef mit seinen Inseln und Korallenbänken. Queensland, das sich gerne als „Sunshine State" bezeichnet, hat seine Hauptstadt diesem Anspruch entsprechend gestaltet.

Adelaide

Die gut eine Million zählende Einwohnerschaft der Hauptstadt von South Australia lebt gleichsam am Rande des fruchtbaren südöstlichen Gürtels des Kontinents. Die Stadt wurde 1836 als Zentrum einer freien Kolonie gegründet, die nie Deportierte in ihren Mauern beschäftigte und in der Goldgräberzeit allenfalls mit durchziehenden Migranten zu tun hatte. Kolonie und Stadt hießen jedoch auch nichtbritische Einwohner willkommen, so daß schon 1838 die ersten Altlutheraner aus Preußen von Bord der ankommenden Segelschiffe gingen und in Adelaide und Umgebung ihre Zelte und bald schon Blockhütten aufschlugen. Die Einwanderung war sichtlich so einträglich wie notwendig; denn Stadt und Hafen wurden bereits 1856 mit der ersten staatlichen Eisenbahnlinie des britischen Empire verbunden.

Adelaide lebte immer solide, gab Künsten und Wissenschaften das ihnen Gebührende, um es im Gegenzug auch zu nutzen, so den Botanischen Garten, den der aus Deutschland stammende Richard Schomburgk angelegt hatte. Die Stadt profitierte immer vom Gartenbau und von der Landwirtschaft in ihrer Umgebung, nicht zuletzt vom Wein der im nahen Barossa Valley von deutschen Winzern angelegten Weingärten. Kupferbergbau in der Nähe, dann der Abbau und die Ausfuhr der reichen Erzvorkommen in Broken Hill, die der in Adelaide lebende deutsche Einwanderer Karl Rasp entdeckte, brachten Wohlstand und Reichtum in die Stadt, deren Straßen wie die in den anderen Hauptstädten schachbrettartig angelegt wurden. In angemessener Entfernung haben sich im letzten halben Jahrhundert Industriebetriebe um die Stadt angesiedelt, die ihr aber nicht die Gemächlichkeit rauben konnten.

Adelaide hat in seinem Zentrum offensichtlich die aus der Gründerzeit stammende Bausubstanz weitgehend erhalten. Dennoch wäre es falsch, das als Zeichen einer durch und durch konservativen Haltung zu deuten; denn das vor gut zwanzig Jahren fertiggestellte Festival Centre, dessen Plaza der Stuttgarter Otto Herbert Hajek gegen heftigen Widerstand örtlicher Kräfte gestaltete, zeugt von einem erfrischend modernen Kunstsinn. Auch die einstigen Kritiker beruhigten sich mit der Erkenntnis, daß auch Außergewöhnliches attraktiv sein kann. Die jährlichen Festivals, die Tausende von Besuchern nach Adelaide locken, haben dazu beigetragen, das frühere Bild von einer Stadt, in der nur wenig los ist, zu korrigieren.

Natürlich bieten die Geschäfte auch hier in *Arcades* und *Stores* alles, was ein in Europa verwöhntes Herz begehrt. Aber den Wein holt man sich am besten selbst aus dem Barossatal, um dabei die schöne Gegend zu erleben. Die Adelaide umgebende Berglandschaft hat der in Hamburg geborene Maler Hans Heysen vielfach auf die Leinwand gebannt.

Perth und Fremantle

Als Hauptstadt von Western Australia hat das heute 1,3 Millionen Einwohner zählende Perth sich nach seiner Gründung 1829 am Swan River nur langsam entwickelt. Es bedurfte dazu anfangs sogar deportierter Strafgefangener, die noch bis 1868 in dem zu Perth gehörenden, etwa 20 km entfernten Hafen Fremantle, eintrafen. Einen ersten Aufschwung erfuhr die Stadt durch die Entdeckung von Gold in Coolgardie und Kalgoorlie 1892. Heute ist Perth von einer großen Geschäftigkeit geprägt, die sich auf schwungvoll geführten Straßen am Swan River und hinter den Fassaden der hoch aufragenden Banken, Versicherungsanstalten, Niederlassungen von Unternehmen und wohl auch in den großen Hotelkomplexen abspielt. Der Grund des Baubooms in den letzten Jahrzehnten war der *mineral boom,* der Western Australia die Entdeckung riesiger Bodenschätze bescherte.

Perth hat sich dennoch so manche altbackene Freundlichkeit bewahrt, wie die kleinen Häuser des London Court, die einst aus dem britischen Mutterland Stein für Stein und Balken für Balken importiert wurden. Reichtum und Abgelegenheit förderten die Imagepflege der Künste durch den Bau von Museen, Galerien, einer großen Konzerthalle und eines Entertainment Centre. Abwechslung bringt immer eine Fahrt mit der Bahn nach Fremantle, das mit seinen Straßencafés, kleinen Läden und der großen Markthalle fast mediterranen Geist atmet. Einen Hauch der Deportiertenzeit spürt man im Roundhouse, einem alten Gefängnis. Im dortigen Maritime Museum wird eine noch frühere Zeit präsentiert: Hier findet man Wracks und Wrackteile holländischer Schiffe ausgestellt, die auf ihrem Wege nach Niederländisch Ostindien an der unwirtlichen Westküste des Kontinents untergingen.

Perth und Fremantle sind die westlichen Außenposten Australiens, und durch Wüsten vom Südosten getrennt leben sie ihr eigenes Leben. Wer groß einkaufen will und es sich leisten kann, der fliegt einmal kurz nach Singapur; denn die Reise dorthin ist meist günstiger als zu den östlichen Metropolen des eigenen Erdteils, und mit großer Wahrscheinlichkeit sind die Waren dort auch billiger.

Darwin

Die 80 000 Einwohner zählende Hauptstadt des Northern Territory hat eine bewegte Geschichte hinter sich. Naturkatastrophen und Kriegseinwirkungen beschädigten diese geographisch exponierte Stadt. Nach diversen Siedlungsversuchen gelang es erst 1839, einen brauchbaren und relativ geschützten Platz für Hafen und Stadt ausfindig zu machen, die sich allerdings erst dreißig Jahre später mit Leben füllten, als 1872 in der Nähe Gold entdeckt wurde. Anfangs bevölkerten 10 000 Chinesen die Stadt bei nur 500 Europäern. Sie war seit 1872 per Kabel mit Adelaide verbunden und wurde gegen Ende des 19. Jahrhunderts die Anschlußstelle an die überseeische Kabelverbindung Australiens mit Europa.

Doch wenige Jahre danach zerstörte ein Wirbelsturm zum ersten Mal die Stadt, 1937 richtete ein zweiter verheerende Schäden an, und 1974 verwüstete ein dritter 90 % der Gebäude. Im Pazifischen Krieg griffen die Japaner Darwin viele Male aus der Luft an, versenkten zahlreiche Schiffe und legten Gebäude in Schutt und Asche. Darwin wurde damals mit einer Straße nach Alice Springs im Zentrum des Kontinents verbunden und verlor so seine Abgeschiedenheit auf dem Landwege.

Nach dem letzten Wirbelsturm ist Darwin wie ein Phoenix aus

der Asche auferstanden und erstrahlt heute in neuem Glanz. Nur einige Spuren wurden mit Bedacht übrig gelassen. Der chinesische Tempel mit Museum läßt die Nähe Asiens ahnen. Touristen geben im Zentrum der Stadt mit ihrer Fußgängerzone auf der Smith Street den Ton an; hier kann man Didgeridoos hören und in Rohform wie in vollendeter Gestaltung kaufen; Aboriginal Malereien werden in Fülle angeboten; denn von hier sind die früheren und heutigen Stätten der Aborigines nicht weit. Darwin ist der Ausgangspunkt für eine Tagesreise in den Kakadu National Park.

Hobart

Mit seinen 200000 Einwohnern ist Hobart auf Tasmania die zweitälteste der Metropolen. Von mildem Klima und sehr fruchtbarem Land begünstigt, erfreut es sich seiner Insellage abseits des Getriebes auf dem sonnigen Kontinent. Diese Abgeschiedenheit motivierte die Kolonialverwaltung, hier schon 1804 eine Dependance zwecks Verbannung aus der Verbannung einzurichten. Den Deportierten folgten ab 1827 die ersten freien Siedler, deren Einkommen durch den florierenden Walfang in antarktischen Gewässern in die Höhe schnellten, so daß Hobart schon 1842 den Status einer City erlangte. Seit dem Niedergang des Walfangs lebt der Hafen an Sullivan's Cove vom Umschlag landwirtschaftlicher Produkte wie Wolle und Obst, aber auch von der in der Nähe betriebenen Zinkgewinnung.

Weil die Stadt keine stürmische Entwicklung durchmachte, findet man hier manche alten Gebäude aus der frühen Kolonialzeit, wie die Anglesea Barracks aus dem Jahre 1811, das 1837 gebaute Theatre Royal, die 1849 entstandene Presbyterian Church, das 1853 errichtete Government House oder auch die alten Warenhäuser am Yachthafen. Der Wohlstand ist so solide wie das dortige Leben. Laute Geschäftigkeit und buntes Leben sind wohldosiert und am besten samstags von den Cafés in den alten Lagerhäusern des Salamanca Place aus zu beobachten. Wem aber auch dieses noch zuviel ist, der findet seine Ruhe im bewaldeten „Binnenland" der Insel – im Winter auch beim Skilauf! – oder auf einer kleinen Yachtpartie vor der Küste. Nur einmal im Jahr gerät die Stadt aus dem Häuschen: während der Royal Hobart Regatta, der größten in der südlichen Hemisphäre, bei der sich die großen Segler der Welt auf der Strecke zwischen Sydney und Hobart in Geschwindigkeit, Geschicklichkeit und Seetüchtigkeit messen.

Der Tourist: eine neue Spezies?

Bis zum Ende des 19. Jahrhunderts kamen die Massen als Einwanderer, seitdem auch als Touristen. Die einen lockten die Möglichkeiten von Landerwerb und Gold, die anderen Australiens exotische Landschaft, Fauna und Flora. Seit der Einrichtung eines Linienverkehrs – 1886 durch den Norddeutschen Lloyd, dessen Dampfer die Reise in vier, schließlich drei Wochen schafften – wurde ein Besuch in Australien zu einem ungefährlichen Abenteuer, dem sich mancher wohlhabende Bürger hingab. Einhundert Jahre dauerte die Herrschaft des Dampfschiffs, dann wurde es vom Flugzeug überflügelt, das die Entfernung in einem Tag bewältigt. Die preisdrückende Konkurrenz der Fluglinien, die Freigabe des Dollarwechselkurses 1983, der den australischen Dollar auf etwa die Hälfte der Hauptwährungen der Welt abwertete, und der Aufbau bzw. die Ausgestaltung von touristischen Zentren erhöhten entscheidend die Attraktivität des Kontinents für ausländische Besucher. 1997 wurden 4,3 Millionen Besucher gezählt. Im Jahre 2000 erwartet man 6 Millionen.

Attraktiv sind Australiens Naturschönheiten, die eigentümliche Fauna und Flora, die Strände und Wassersportmöglichkeiten, die Häfen für Jachten und Boote, die geologischen Eigenarten wie Uluru (Ayers Rock) und Kata Tjuta (die Olgas), die Naturparks wie der Kakadu National Park, der „Busch" und – soweit zugänglich – Stätten der Aborigines, Felswände mit jahrtausendealten Malereien. Alice Springs begann Mitte der 70er Jahre als Touristenort aufzublühen. Die Regierungen sind bemüht – manchmal etwas krampfhaft – den inzwischen zum Devisenbringer Nummer Eins avancierten Tourismus zu fördern. In Freigehegen können Känguruhs, Emus und Vögel beobachtet werden, das Scheren der Schafe wird ebenso demonstriert wie die Dressur von Hunden zur Schafhaltung. Wombat- und Schlangen-Shows öffnen den Blick für die exotische Tierwelt. Kulturell bieten Aborigines mit Tänzen und Musik den Abglanz einer weitgehend versunkenen Welt dar. Großveranstaltungen wie die 200-Jahrfeiern 1988 wirken wie ein Magnet. Einen neuen Besucherrekord versprechen sich

Tourismusbranche und Organisatoren der Olympischen Spiele in Sydney im Jahre 2000.

Ein Blick auf die Zusammensetzung der Touristen macht deutlich, daß sie nicht mehr überwiegend aus Europa oder Nordamerika kommen. Bei den über 4,3 Mio. Besuchern stehen heute Japaner und Neuseeländer an der Spitze. Den stärksten Zuwachs in den letzten Jahren registrierten die Behörden bei Touristen aus ost- und südostasiatischen Ländern: China (Hongkong), Singapur, Malaysia, usw. Dabei darf nicht übersehen werden, daß die Australier den binnenländischen Tourismus mit zwei Dritteln aller Reisenden selbst am meisten angekurbelt haben. Meistbesuchter Staat ist New South Wales, gefolgt von Queensland an zweiter und Victoria an dritter Stelle. Die lukrative Tourismusbranche hat Investoren aus aller Welt angezogen. In Zentren wie an der Gold Coast oder Sunshine Coast in Queensland verspricht sich der Immobilienhandel mit Hotels und Freizeiteinrichtugen hohe Renditen.

Der individuell gestaltete Tourismus ist, so er sich auf die Städte und erschlossene Gebiete beschränkt, eine günstige und häufig gewählte Form des Reisens. Er wird aber dann, wenn er das Erlebnis im *Outback* zum Ziele hat, problematisch und kann nur mit australischem Know how gemacht werden. Der einsame Kamelritt einer Schriftstellerin von Alice Springs durch die Wüste zur Westküste im Jahre 1977 ist längst legendär geworden, aber keineswegs nachahmenswert. Der Gruppentourismus ist am ein-

Tourismus in Australien	
Zahl der Touristen insg. (1997):	4 317 900
aus Japan:	813 900
aus Neuseeland:	685 700
aus Großbritannien:	410 800
aus USA:	329 600
aus Deutschland:	128 900
Anteil am Bruttosozialprodukt (1993/4)	6,6%
Anteil der Erwerbstätigen	6,0%
Anteil an den Exporteinnahmen (1994)	14,5%

fachsten zu bewältigen und für die Organisatoren am einträglichsten. Doch der kulturell, sprachlich und wirtschaftlich bedingte Gruppentourismus der Japaner löst schon manches Stirnrunzeln in australischen Reisebüros aus, zumal der Gewinn oft auch von den japanischen Veranstaltern abgeschöpft wird.

Alles in allem ist der Tourismus Australiens größter Devisenbringer und ein bedeutender Wirtschaftszweig geworden. Er rangiert inzwischen als Einnahmequelle noch vor der traditionell stabilsten, der Wolle.

Ein negativer Aspekt des Tourismus muß betont werden: der mögliche Schaden an der Umwelt. Der Verein Ecotourism Association of Australia (EAA) macht auf die Gefährdung der Natur aufmerksam, z.B. beim *bushwalking* oder beim Baden und Tauchen im Great Barrier Reef. Durch strenge Vorschriften für die Bebauung der Küstenregionen, die Besichtigung von Nationalparks etc. versucht der Staat, Beschädigungen der Natur in Grenzen zu halten. Jagdgesetze verhindern das massenhafte Abschießen australischer Tierarten, das noch zum wichtigsten Australien-Vergnügen des österreichischen Thronfolgers bei seinem Besuch vor hundert Jahren gehörte, heute aber nur noch eine touristische Marginalie darstellt. Dennoch bedroht der Tourismus auf Dauer das, was ihn heute vor allem nach Australien lenkt: die Sehenswürdigkeiten der menschenleeren Landschaften, die Eigentümlichkeiten der Pflanzen- und Tierwelt, die Freizeitmöglichkeiten eines abgelegenen und sonnigen, von einer langen Küste umsäumten Landes.

Die Australier: alte und neue

„In Australien ist das Wesen von Aborigines (Aboriginality) gleichbedeutend mit den Eigenschaften von Großzügigkeit und Gegenseitigkeit in einem uralten Volk, das nicht die Extreme von Reichtum und Armut erahnen konnte, bis sie ihm durch die europäischen Räuber aufgezwungen wurden. Ironischerweise war sein Verderben teilweise das Ergebnis des Glaubens, daß alles Land Gemeinbesitz und niemandes Eigentum war. Indem es die Kolonisten hereinließ, um es mit ihnen zu teilen, und der Meinung war, sie würden es nicht stehlen, stellte es sich selbst eine Falle."

John Pilger: Hidden Agendas, 1998, S. 12. (Übers. J. H. V.)

Die australische Bevölkerung setzt sich überwiegend aus Einwanderern und deren Nachkommen zusammen. Nur knapp zwei Prozent sind Aborigines, die nach einer langen Phase der Verdrängung und Unterdrückung durch den eingewanderten Teil zahlenmäßig wieder zunehmen. Sie sind von ihrer Zahl her zwar eine Randgruppe, erfahren aber seit drei Jahrzehnten politisch und kulturell eine stärkere Beachtung, wenn auch nicht immer in der Art, wie sie es sich wünschen.

Die „neuen" Australier

In den verschiedenen Epochen der australischen Geschichte dominierten vier Wege, nach Australien auszuwandern: 1. zwangsweise durch Deportation (bis etwa 1840, in geringerem Umfang bis 1868), 2. frei und unkontrolliert von Europa, Amerika und Asien (bis zur Jahrhundertwende), 3. gelenkt nach den Prinzipien der *White Australia Policy* (bis 1965) und seitdem 4. geregelt nach einem Punktesystem.

Australiens Bevölkerung wuchs in den vergangenen zwei Jahrhunderten in unterschiedlich großen Schüben. Die Millionengrenze übersprang sie im Jahrzehnt des Goldrausches, als sie sich von knapp einer halben Million 1851 auf fast 1,2 Millionen mehr als verdoppelte. 1921 war die Zahl von 5 Millionen, 1961 die von 10 Millionen übersprungen; sie hat gegenwärtig den Stand von 18,5 Millionen erreicht.

Ludwig Leichhardt, 1842

„Die reichsten Männer der Kolonie waren Verbrecher oder stammen von Verbrechern. Allmählich wandern mehr freie Ansiedler ein und jetzt finden sich an [die] 100000 auf Australiens Boden. Diese Auswanderer werden fast alle von der Begierde, sich Schätze zu erwerben, angetrieben. Sie wollen einige Jahre ihres Lebens diesem Geschäfte widmen, um sodann wieder in ihre Heimat zurückzukehren, und ruhig genießend ihrem Tode entgegen zu harren. Wenige kommen hier, um hier zu bleiben: viele verändern ihre Absicht wie sie die Schönheiten dieses reichen Landes besser kennen und die Unannehmlichkeiten leichter ertragen lernen. Solche Familien freier Ansiedler, die Interesse an der Kolonie nehmen und sie als ihr Vaterland betrachten, sind denn auch allein der wahre Schatz des Landes und aus ihnen wird sich allmählich ein mächtiges Volk entwickeln, welches uns das alte Europa vergessen machen möchte."

Aus: Ludwig Leichhardt Schwager an Carl Schmalfuss, Sydney 23. 3. 1842. In: The Letters of F. W. Ludwig Leichhardt. Hg. v. M. Aurousseau, Cambridge 1968 Bd. 2, S. 430.

Deportation von Strafgefangenen

Die Mehrzahl der ersten Europäer kam zum überwiegenden Teil aus Großbritannien, in geringerem Umfang auch von britischen Besitzungen in Übersee, nicht wenige z. B. aus Indien. Achtzig Jahre lang ahndeten britische Gerichte sogenannte „schwere Delikte" mit einer Verbannung nach Botany Bay, d. h. Australien. Dorthin wurden die Delinquenten deportiert, wobei sich über die Jahrzehnte ein effektives *transportation system* entwickelte, indem „kriminell Anfällige" von den britischen Inseln bzw. Besitzungen entfernt wurden, um einerseits die vermutete Gefährdung der dortigen Gesellschaft zu beseitigen und andererseits nützliche und billige Arbeitskräfte zur Kultivierung des neu erworbenen Kontinents gleichsam problemlos zu gewinnen.

Man darf mit Recht annehmen, daß den Richtern die Befreiung der britischen Gesellschaft von Kosten und Lasten zumeist im Vordergrund der Überlegungen stand und erst in zweiter Linie der Nutzen für die Kolonie. Beim Eintreffen in New South Wales erhielten Männer, die ein nützliches Know how besaßen, wie Architekten, Uhrmacher, Schmiede, in den meisten Fällen sofort volle Bewegungsfreiheit. Arbeiter, die von Farmern und Viehzüchtern angefordert wurden, bekamen nach einer Weile untadeligen Verhaltens, über die der Arbeitgeber befand, ein sogenanntes *ticket of leave* und damit eine bedingte Freiheit. Andererseits wurden Verbannte mit tatsächlicher oder vermuteter krimineller Energie zu *chain gangs* zusammengefaßt oder gar -gekettet und unter Bewachung zu schwerster Arbeit, sei es im Steinbruch oder im Straßen- und Brückenbau, herangezogen. Wie das Mutterland die Kriminellen nach Australien verbannte, so verbannte die Kolonie New South Wales rückfällig gewordene Gefangene zu Außenposten in Moreton Bay, Port Macquarie, Hobart etc.

Als Ventil für die von Thomas Robert Malthus 1798 prophezeite „Überbevölkerung" auf den britischen Inseln tat das *transportation system* bis zur letzten Entsendung einer Schiffsladung Strafgefangener nach Western Australia insgesamt 80 Jahre lang dem Mutterland nützliche Dienste: Etwa 160 000 Personen wurden so zwangsweise zum neuen Kontinent befördert, im Jahresdurchschnitt also 2000 Strafgefangene, im Durchschnitt pro Monat etwa ein Deportationsschiff. Neben Engländern, Schotten und Iren gab es Deportierte anderer Nationen, schätzungsweise 4200 (2,6 %). Nach eigenen Untersuchungen in australischen Archiven dürfte der Anteil an Personen deutscher Herkunft daran etwa 750 Personen betragen haben. Ein von Anfang an bestehendes, der Moral abträgliches Problem war das Ungleichgewicht der Geschlechter: Frauen machten unter den Deportierten nicht mehr als 10 % aus. Diese Problematik blieb ein Charakterstikum der australischen Bevölkerungsentwicklung noch bis zum Ende des 19. Jahrhunderts.

Die freie Einwanderung in die Kolonien

Die Zahl der freien Einwanderer wuchs nur langsam – drei Jahre nach der Landung der Ersten Flotte gab es etwa 150 Freie, darunter den aus Deutschland stammenden Farmer Philipp Schaeffer und den Landvermesser Augustus Alt. Angesichts der einfacheren Auswanderung nach Nordamerika und der dort bereits an der Ostküste entwickelten wirtschaftlichen Infrastruktur blieb damals ein erhoffter Migrationsschub nach Australien aus. Um die Auswanderungswilligen für das Britische Empire zu erhalten, propagierte der englische Politiker und Regierungsfachmann Robert

John Wilmot Horton in den 20er Jahren eine staatliche Förderung der freien Auswanderung.

Ausschließlich auf den Fünften Kontinent bezogen waren die hinter Gefängnisgittern in England gemachten Überlegungen von Edward Gibbon Wakefield, der seine Gedanken zuerst in seinem berühmten *Letter from Sydney* 1829 in der Londoner Zeitung „Morning Chronicle" und in ausgereifter Fassung 20 Jahre später als Buch veröffentlichte. Wakefield verurteilte die bisherige Praxis, den Boden der Kolonie an die erstbesten freien Kolonisten gleichsam zu verschleudern: Land müßte zu einem ausreichend hohen *(sufficient)* Preis verkauft werden. Dann könnte mit dem Erlös die Einwanderung freier Arbeitskräfte subventioniert werden.

Wakefields Ideen fielen auf fruchtbaren Boden: die Gründung der Kolonie South Australia im Jahre 1836 war ein praktisches Resultat seiner Theorie. Es gelang die Besiedlung der neuen Kolonie mit ausschließlich freien Einwanderern. Während die britische Regierung die Übernahme deutscher Strafgefangener aus Hamburg und Preußen ablehnte, tolerierte sie jedoch die Anwerbung und Entsendung freier deutscher Auswanderer nach South Australia, sogar in der Form geschlossener Gruppen. Unter seelsorgerischer Leitung ging 1838 das erste englische Auswandererschiff mit deutschen Altlutheranern im Hafen von Adelaide vor Anker, gefolgt in den nächsten Jahren von Auswandererschiffen aus Hamburg und Bremen. Daß die aus religiösen, aber ebenso aus wirtschaftlichen Gründen auswandernden Preußen auch geschlossen siedelten und Ortschaften wie Landstrichen ein deutsches Gepräge gaben, wurde auf australischer Seite mit Genugtuung vermerkt.

Die Bevölkerungssituation veränderte sich in allen Kolonien schlagartig, als um die Mitte des Jahrhunderts zuerst in New South Wales, dann in Victoria Gold entdeckt wurde. Es setzte ein *rush* – volksetymologisch im Deutschen als ‚Rausch' (eigentlich ‚Ansturm') gedeutet – zu den Goldfeldern ein. Hunderttausende lockte das wertvolle Metall. Obgleich die Masse der Goldsucher kaum die Absicht hatte, länger als bis zu dem erhofften großen Goldfund zu bleiben, der ein Leben ohne weitere Arbeit ermöglichen sollte, blieben sehr viele gezwungenermaßen im Lande.

Die Entdeckung von Gold hatte weitreichende Folgen für die australische Bevölkerungsentwicklung:

1. die Bevölkerungszahl wuchs innerhalb eines Jahrzehnts von 400 000 auf fast 1,2 Millionen;

2. die Bevölkerungszusammensetzung veränderte sich; denn bisher stammten die Einwanderer überwiegend von den britischen Inseln mit einigen Einsprengseln aus Kontinentaleuropa, nunmehr kam ein Zuwachs von Personen unterschiedlichster Herkunft, am meisten ins Auge fallend die Chinesen;

3. Binnenwanderungsströme in Australien entzogen vielen Regionen Arbeitskräfte und ließen zusammen mit der Zuwanderung neue Ballungsgebiete entstehen;

4. das erst Mitte der 30er Jahre gegründete Melbourne blühte in kurzer Zeit zu einer Wirtschafts- und Finanzmetropole auf, die Sydney lange an Reichtum und Glanz, aber auch an Bevölkerungszahl übertraf.

Ängste einer Überfremdung weckten die fremdartig aussehenden, geballt auftretenden, genügsamen und fleißigen Chinesen: 1861 zählte man in New South Wales und Victoria 37 720 chinesische Männer, aber nur 10 Frauen.

Die Regierungen der einzelnen Kolonien waren darauf bedacht, bevölkerungsmäßig und wirtschaftlich voranzukommen und den Nachbarn zu überholen. Sie förderten die Einwanderung mit staatlichen Subventionen, durch die nicht nur Briten (inklusive Iren), sondern auch Kontinentaleuropäer angeworben wurden. Agenten warben auch in Deutschland, so die beiden späteren Konsuln Wilhelm Kirchner für New South Wales und Johann Christian Heußler für Queensland.

Ein letzter Höhepunkt der freien und ungebundenen Migration nach Australien im 19. Jahrhundert waren die Jahre 1880 bis 1885, als eine wirtschaftliche Rezession Europa heimsuchte.

Sichtweisen: „White Australia Policy"

Im Zeitraum von 1906 bis 1914 wanderten etwa 400 000 Briten nach Australien aus. Die Arbeits- und Lebensbedingungen waren dort durch die sog. neue Schutzzollpolitik sehr attraktiv geworden. Australien ließ sich in jenen Jahren als ein „Paradies der Arbeiter" feiern!

Erkauft wurde die Attraktivität der australischen Verhältnisse mit einer Abschottung gegen Einwanderer aus dem naheliegenden

Asien, insbesondere Chinesen, die zuerst von den Goldfeldern auf dem Fünften Kontinent angelockt worden waren, inzwischen aber ein Auskommen als gute und preiswert arbeitende Handwerker gefunden hatten. Die 1901 auf gesamtaustralischer Ebene mit dem *Immigration Restriction Act* inaugurierte *White Australia Policy* entsprang vor allem der Furcht der Arbeiterschaft vor Niedriglöhnen, wurde aber mit rassistischen Vorurteilen untermauert.

Mit diesem Gesetz von 1901 beschritt Australien den Weg einer rassistisch orientierten Einwanderungspolitik, die zu einem Entwicklungsprogramm erhoben wurde und zwei Generationen lang die Bevölkerungspolitik beherrschte. Die *White Australia Policy* wurde ein Aushängeschild australischer Politik und ein Affront für alle Asiaten.

Dieser Ausschließungspolitik lief eine Einwanderungsförderung parallel. In den 20er Jahren schrieb die Bruce-Page Regierung mit ihrem Slogan *„Men, money and markets"* die Anwerbung britischer Weltkriegsteilnehmer auf ihre Fahnen. Das mit 34 Millionen Pfund Sterling (etwa 680 Millionen Mark) veranschlagte Programm scheiterte aber insofern, als sich die Viertelmillion Briten nicht in den geplanen Gemeinschaftssiedlungen niederließen.

Als die nationalsozialistische Verfolgungs- und Unterdrückungspolitik eine massive Auswanderung aus Mitteleuropa auslöste, machte Australien im Anschluß an die Konferenz von Évian 1938 die Zusage, in den folgenden drei Jahren 15 000 Juden aufzunehmen. Der Kriegsausbruch beendete das Programm abrupt, so daß nur etwa ein Drittel dieser Zahl noch das rettende Gestade des Fünften Kontinents erreichen konnte. Während des Krieges gab es verschiedene Emigranten-Transporte von den britischen Inseln nach Australien, so den berüchtigten der „Dunera", auf der die Reisenden mehr als Gefangene denn als Befreite behandelt wurden.

„Populate or perish!"

In der ersten Nachkriegszeit inaugurierte Australien sein bisher ehrgeizigstes Einwanderungsprojekt mit einem beispiellosen Aufwand. Zwei Gründe waren dafür maßgebend: Erstens, die aus der Kriegserfahrung mit Japans Militärmacht 1942 (vgl. S. 75 f.)

Arthur Calwell, Minister für Immigration und Information, im Abgeordnetenhaus am 2. August 1945

„Wenn die Australier aus dem Pazifischen Krieg, der jetzt einem erfolgreichen Ende zugeht, eine Lektion gelernt haben, dann die, daß wir unseren Inselkontinent nicht alleine für uns und unsere Nachkommen behalten können, ohne unsere Zahl erheblich zu vergrößern. Wir sind ungefähr 7 Millionen Menschen und besitzen 3 Millionen Quadratmeilen der Erdoberfläche. Unsere Küste ist 12000 Meilen lang, und die Bevölkerungsdichte beträgt nur 2,5 Personen pro Quadratmeile. Ein großer Teil unseres Landes liegt in einem Gürtel mit weniger als 10 Zoll Regen pro Jahr, und dieses Gebiet ist daher weitgehend unbewohnbar. In den Teilen, die günstiger liegen, muß noch viel zur Entwicklung und Besiedlung unternommen werden. Die Notwendigkeit, das zu unternehmen, ist dringend und geboten, wenn wir überleben wollen. Obgleich es die Welt nach Frieden dürstet, kann niemand garantieren, daß es keinen weiteren Krieg gibt. Ein dritter Weltkrieg ist nicht unmöglich, und nach einer unbeständigen Friedenszeit kann die Menschheit möglicherweise wieder mit den Schrecken einer Zeit totalen Krieges konfroniert werden."

Aus: Modern Australia in Documents. Bd. 2: 1939–1970. Hg. v. F. K. Crowley. Melbourne 1973, S. 126. (Übers. J. H. V.)

erwachsene Angst vor dem bevölkerungsreichen Asien, weshalb die Devise ausgegeben wurde *„Populate or perish!"*(Bevölkern oder untergehen); zweitens das zerstörte Europa mit seinem Millionenreservoir an Ausreisewilligen. Spiritus rector und Initiator der forcierten Einwanderungspolitik war Arthur Calwell.

Vielen der aus Europa Geflohenen, Vertriebenen und Entwurzelten konnte in Australien eine neue Heimat geboten werden. Im Gegensatz zu den 20er Jahren waren Deutsche schon bald wieder willkommen. Als erste Deutsche wurden die von Palästina nach Australien transportierten und internierten Templer und ihre Angehörigen und Glaubensbrüder aus Deutschland aufgenommen. Die gescheiterten Aufstände in Ungarn und in der Tschechoslowakei lösten dort in den 50er und 60er Jahren weitere Flüchtlingswellen aus, die auch an die Ufer Australiens schlugen. In den 70er Jahren fanden viele Flüchtlinge aus dem Libanon, Chile und Lateinamerika den Weg nach Australien.

Bis 1981 nahm Australien 5,4 Millionen Einwanderer auf, von denen über 2 Millionen im Rahmen staatlich unterstützter Programme befördert wurden. Die Mehrzahl nichtbritischer Einwanderer waren Italiener (bis Mitte der 80er Jahre 9%), gefolgt von Griechen (5,1%), Jugoslawen (4,4%), Niederländern (3,8%), Deutschen (3,4%) und Polen (2,4%).

Öffnung nach allen Richtungen

Schon 1966 wurde die *White Australia Policy* sang- und klanglos, 1973 auch offiziell begraben. Damit war der Weg für eine völlig neue Bevölkerungs- und Einwanderungspolitik geebnet. Das Tor nach Asien hin wurde aufgestoßen. Seit jenem Jahr werden alle Einwanderungswilligen gleich behandelt. Es gab und gibt in der Einwanderungspolitik kein Quotensystem, das sich nach Herkunftsländern richtete. Alle Einwanderungswilligen werden aufgenommen, soweit sie ein ausgeklügeltes Punktesystem erfüllen. Die ersten Einwanderer aus Asien waren zum großen Teil Flüchtlinge, zuerst aus Indochina und dem Libanon, dann die sogenannten *boat people* aus Südostasien. 1984 kamen 40% der Einwanderer aus Asien, wobei Vietnamesen den größten Anteil stellten. Zur Zeit macht die Familien-Einwanderung und -Zusammenführung etwa 40% der Neuaufnahmen aus. Der wachsende Anteil von Asiaten in der australischen Bevölkerung blieb nicht ohne Kritik. Der Historiker Geoffrey Blainey sieht eine Gefahr für die bislang harmonischen Beziehungen unter den Ethnien in Australien. Und die Politikerin Pauline Hanson in Queensland versuchte populistisch aus den Ängsten ihrer Zeitgenossen politisches Kapital zu schlagen. Die Eingliederung der Ethnien gewann innenpolitisch ein größeres Gewicht. 1987 wurde ein Büro für multikulturelle Angelegenheiten im Department des Premierministers eingerichtet. Seit Juli 1989 lenken Richtlinien einer Nationalen Agenda die Gestaltung eines multikulturellen Australien.

Die Regierung unter John Howard gab am 30. Oktober 1996 im Parlament ein Bekenntnis zugunsten ethnischer Toleranz ab, das von den Abgeordneten einstimmig angenommen wurde: alle Australier, welcher Herkunft auch immer, besitzen gleiche Rechte; die Einwanderungspolitik wird ohne Diskriminierung aus rassistischen, religiösen und anderen Gründen betrieben; die Versöhnungspolitik gegenüber den Aborigines und Torres Strait Islanders soll deren große soziale und wirtschaftliche Benachteiligung beseitigen helfen; Australien wird weiterhin als eine multikulturelle und offene Gesellschaft auftreten, zuammengehalten durch das allumfassende Band der Nation und deren demokratische Institutionen.

Das offizielle Australien definiert sich mithin als „multikulturelle Gesellschaft". In der Tat waren 1996 etwa 23% der Bevölkerung im Ausland geboren, und zwar 6,6% im Vereinigten Königreich und Irland, 6,4% in Europa, 5% in Asien, 2,1% in der pazifischen Inselwelt, 1,2% im Mittleren Osten und Afrika, und knapp 2% in anderen Teilen der Erde. Von den gut 18 Millionen Einwohnern sind 3,5% in der zweiten Generation Australier, also solche, deren Eltern in der Nachkriegszeit direkt oder über andere Zwischenländer einwanderten.

Vorbei ist die Zeit, da die Mehrzahl der Einwanderer aus Großbritannien und Irland kam: in den Jahren 1963–67 waren es 51%, dreißig Jahre später nur noch 12,9%, wobei die meisten Einwanderer aus New Zealand registriert wurden. Im Jahre 1996–97 trafen insgesamt 86000 Personen ein, die in Australien zu bleiben gedachten; zwei Drittel kamen im Rahmen des australischen Einwanderungsprogramms.

Aber nicht nur der britisch-irische Anteil aus Europa ist in den vergangenen zwanzig Jahren zurückgegangen, die Europäer überhaupt machen nicht mehr den größten Teil der Neu-Einwanderer aus. An Asiaten zählte man 1977 lediglich 15,2%, 1991–92 (einem Höhepunkt) dann 50,6%. 1996–97 war ihr Anteil wieder auf 37,4% (32100 Einwanderer) gesunken. Dabei ist zu bedenken, daß unter den Einwanderern die Zahl der Langzeitbesucher (ein Aufenthalt von mehr als 12 Monaten zählt statistisch als Einwanderung) in letzter Zeit stark angestiegen ist. 1996–97 kamen etwa 60% der Langzeitbesucher aus Asien, was leicht zu erklären ist: Viele junge Asiaten besuchen eine australische Universität, und die meisten kehren nach einigen Jahren in ihre Heimat zurück.

Nicht immer erfolgt die Migration direkt vom Herkunftsland. Das ist zum Beispiel vielfach bei Indern der Fall, die über eine südostasiatische Zwischenstation oder auch das polynesische Inselland Fiji den Weg nach Australien finden. Direkt aus Indien Eingewanderte machen insgesamt etwa 90000 Personen (0,5%

der Bevölkerung) aus. Inder der zweiten Generation zählen aber schon 200 000, d. h. mehr als 1 % der Gesamtbevölkerung.

Die gegenwärtige Einwanderungspolitik wird stark von der Arbeitslosigkeit beeinflußt, die 1992/93 11,7 % und 1995/96 noch 8 % betrug. Die Einwanderung wird von drei Faktoren abhängig gemacht: der Ausbildung, Verbindung zur Familie und humanitären Gesichtspunkten. 1997–98 durften 32 500 aufgrund ihrer Qualifikation und 32 000 aus Gründen der Familienzusammenführung einwandern. Aus humanitären Gesichtspunkten wurden 12 000 Personen zugelassen und 4000 Flüchtlinge aufgenommen. Insgesamt allerdings wurde die Zahl der Einwanderer gegenüber dem Vorjahr um 8 % verringert.

Hauptsorge der australischen Bevölkerungspolitiker ist seit einiger Zeit die zunehmend ungleichmäßige räumliche Verteilung der Einwohner. Daß in vielen Gebieten keine Besiedlung möglich ist, wird naturgemäß hingenommen. Daß aber die Masse der Menschen sich in Großstädten zusammenballt, ist menschengemacht und wird allgemein beklagt. 85 % der Australier leben in den Hauptstädten der Einzelstaaten und in größeren Zentren. Die offiziellen Statistiken beschreiben seit den 80er Jahren die Bevölkerung als überwiegend „urban", passender wäre die Charakterisierung als „suburban"; denn die Mehrheit wohnt in den Vororten, was schon der englische Dichter D. H. Lawrence in den 20er Jahren als australisches Charakteristikum befand und beschrieb.

Die sowohl geographisch als auch entwicklungsbedingt ungleichmäßige Bevölkerungsverteilung auf dem Kontinent wirft besondere Probleme auf, die zum Schutz und Nutzen der im Lande weit verstreuten Einzelsiedlungen gelöst werden müssen, will man die Landflucht bremsen. So dient das Kleinflugzeug der Verbindung zum *Outback*, dem Landesinnern, und zwar nicht nur zur Versorgung mit Bedarfsgütern und Post; auch die medizinische Betreuung wird durch einen *Flying Doctor Service* gewährleistet, und Schulkinder werden zum Teil über Funk unterrichtet.

Verdrängung und Wiederentdeckung der Aborigines

Die Aborigines, einst aus ihren Räumen verdrängt, sind inzwischen als Thema in der australischen Politik und Öffentlichkeit präsent wie nie zuvor, zumal auch ihre jetzigen Rückzugsgebiete

Aborigines aus Alice Springs –
Foto: R. Soumar

der Bodenschätze wegen seit den 70er Jahren für die moderne Industrie interessant wurden, sie also ein zweites Mal von Verdrängung bedroht sind.

Die Verdrängung war für die Aborigines eine existentielle Katastrophe, die fast zu ihrer völligen physischen Auslöschung führte. Ihre Zahl, bei Landung der First Fleet auf mindestens 300 000 und maximal 750 000 geschätzt, schrumpfte bis 1933 auf das Minimum von 73 828 Personen zusammen. Das rapide Wachstum im letzten Jahrzehnt hat eine Reihe von Ursachen. Die Definition der Klassifikationsbegriffe „*Indigenous*" (einheimisch) und „*Aboriginal and Torres Strait Islander*" ist bessere und weiter gefaßt worden. Vor allem aber ist es die bessere administrative und statistische Erfassung dieser Bevölkerungsgruppe, die den Anstieg erklärt. Eine nicht unbedeutende Rolle spielte überdies die bessere Versorgungslage der Aborigines in den letzten drei Jahrzehnten in ihren Rückzugsgebieten, aber auch innerhalb der

National Parks. Es ist jedoch ebenso unübersehbar wie problematisch, daß sich immer mehr Aborigines am Rande der großen Sädte ansiedeln – mit den typischen Merkmalen einer sozialen Randgruppe wie mangelnder Ausbildung, zerstörten Clan- und Familienstrukturen, Flucht in den Alkohol und andere Drogen, überproportional hoher Arbeitslosigkeit (38%) und Abhängigkeit von staatlicher Unterstützung.

Die Verdrängung der Aborigines von ihrem Land hatte gelegentlich Züge eines Genozid, einer gezielten Vernichtung, getragen, wie bei der Treibjagd in Form einer Menschenkette von Küste zu Küste in Tasmanien zu Anfang der 30er Jahre des 19. Jahrhunderts. Alle Angehörigen des besonderen tasmanischen Stammes – man spricht sogar von einer „tasmanischen Rasse" – wurden zusammengetrieben und die Überlebenden auf eine kleine Insel deportiert, was sie trotz späterer Schutzmaßnahmen nicht mehr vor dem Aussterben bewahrte.

Kirchen und Missionsstationen bemühten sich zwar auf ihre Weise – auch unter Aufsichtsbeamten und in Reservaten – die Aborigines zu schützen, bewirkten aber auch eine gewisse Entfremdung von den überlieferten Lebensformen, der Sprache, Kultur und Religion, beschleunigt durch die Bekehrung zum Christentum. Dies wurde im 20. Jahrhundert noch forciert durch eine gewaltsame Trennung der Kinder von den Eltern zwecks Erziehung in Waisenhäusern und Heimen oder bei weißen Pflegeeltern. Erst 1997 wurde über die zwangsweise Integration ein fast 700 Seiten langer Bericht mit dem Titel *Stolen Generation* veröffentlicht.

Ein öffentlicher Bewußtseinswandel vollzog sich nur langsam. Er wurde durch die Initiative von Lady Jessie Street im Jahre 1957 entscheidend gefördert. Sie führte eine Reihe von bislang einzeln operierenden Organisationen zu einem *Federal Council for the Advancement of Aborigines and Torres Strait Islanders* zusammen, um sich auf gesamtaustralischer Ebene Gehör zu verschaffen. Das *Council* hatte jedoch einen schwerwiegenden Geburtsfehler: von 30 Mitgliedern waren nur 3 Aborigines, somit war auch hier eine weiße Dominanz institutionalisiert. An der 1970 erhobenen Forderung, daß seine Leitung lediglich aus Aborigines bestehen sollte und an den Abstimmungen nur diese teilnehmen dürften, zerbrach das Gremium.

Geraubte Generation

„Von 1915 bis 1939 konnte der Manager einer ‚station' [Hofstätte] oder ein Polizist Aboriginal Kinder den Eltern wegnehmen, wenn er glaubte, daß dies ihr moralisches und seelisches Wohlbefinden fördere. In die Rubrik ‚Grund des Vorstands, die Aufsicht über das Kind zu übernehmen' schrieb er schlicht ‚weil es Aboriginal ist'. [. . .] Niemand weiß, wieviele Kinder offiziell gekidnappt wurden oder was den meisten von ihnen geschah. In vielen Fällen wurden keine Akten geführt und oft bestanden diese aus nichts als aus Namen. Viele Aborigines wuchsen auf, ohne ihre Eltern zu kennen. Brüder und Schwestern wurden immer voneinander getrennt und verloren meist den Kontakt zueinander. Die Eltern wurden mit Absicht davon abgehalten, ihre Kinder zu besuchen. Den Kindern wurde niemals erlaubt, nach Hause zu gehen, weil es das Ziel der Regierungspolitik war, die Aboriginal Familien zu zerstören."

Aus: New South Wales Ministry of Aboriginal Affairs. Occasional Paper, No.1, zit. bei Anne Pattel-Gray: Through Aboriginal Eyes. The Cry from the Wilderness. Genf: World Council of Churches, 1991, S. 81. (Übers. J. H. V.)

Als im Jahre 1966 ein Gurindji-Clan auf einer großen Rinderfarm nördlich von Alice Springs in einem Streik vergeblich bessere Lebensbedingungen forderte, ging er einen Schritt weiter und verlangte die Anerkennung seiner Rechte auf das Land. Dies war die Geburtsstunde des sogenannten *Land Rights Movement*.

Die Sache der Aborigines konnte aber auch nicht ohne Einsicht und Mitwirkung der weißen Mehrheitsbevölkerung vorangetrieben werden. Ein bedeutender Schritt nach vorn wurde am 27. Mai 1967 mit dem erfolgreichen Volksentscheid getan, der die australische Regierung ermächtigte, gesamtaustralische Gesetze zum Nutzen der Aborigines und Torres Strait Islanders zu erlassen, um ihre Diskriminierung zu beenden und ihren Schutz zu sichern. Erst von jenem Jahr an wurden Aborigines als australische Bürger in Volkszählungen registriert. Man war sich in Canberra bewußt, daß Australien von der Weltgemeinschaft künftig an seiner Haltung zu den Aborigines gemessen werden würde.

Seit den 60er Jahren erwuchsen den verschiedenen Gruppen der Aborigines eigene Führer, die ihre Forderungen politisch artikulierten. Wohl medienwirksam, aber den Volksvertretern ein Dorn im Auge war die sogenannte *Aboriginal Tent Embassy:* von

Januar bis Juli 1972 gemahnte sie in ihrem vor dem Parlament aufgeschlagenen Zelt an das lange begangene Unrecht und verlieh der Forderung nach Wiedergutmachung und Übertragung der Landrechte auf konkrete Weise Nachdruck. Mit der *National Aboriginal Conference* entstand 1973 ein gesamtaustralisches Forum, auf dem die Wünsche und Ziele der Aborigines formuliert werden konnten.

Ein lange gehegtes und zum ersten Mal 1972 von Angehörigen des Larrakia-Stammes im Northern Territory formuliertes Ziel war der Abschluß eines Vertrages zwischen Regierung und Aborigines, der die Übergabe des australischen Landes an die Weißen regelte, weil weder bei der Landung der Ersten Flotte 1788 noch jemals danach ein solcher Vertrag abgeschlossen worden war. Ein solcher Vertrag – von den Aborigines *makarrata* genannt – war im Zusammenhang mit den 200-Jahr-Feiern 1988 im Gespräch und blieb es weiterhin mit Bezug auf das 100-Jahr-Jubiläum des Commonwealth of Australia im Jahre 2001.

Der *Aboriginal Land Rights (Northern Territory) Act* von 1976 schlug eine erste Bresche in die Abwehrfront von Landbesitzern und Bergbauinteressen. Seitdem gibt es gegen den Bergbau ein Vetorecht, dessen Sinn es ist, heilige Stätten der Aborigines vor einer Zerstörung zu bewahren. Der vor dem Erlaß des Gesetzes begonnene Bergbau war jedoch nicht betroffen.

Gesamtaustralisch gesehen erfüllte der 1984 in Kraft getretene *Aboriginal and Torres Strait Islander Heritage Protection Act* nur ganz allgemein die Erwartungen der Aborigines, deren Wünsche und Ziele schon sehr viel differenzierter formuliert worden waren, wie Judith Wright es zu jener Zeit der australischen Öffentlichkeit und Regierung ins Buch schrieb: „We Call for a Treaty".

Nach jahrelangen Debatten trat der *Aboriginal and Torres Strait Islander Act* 1990 in Kraft, gemäß dem mit 60 regionalen Räten und einem Beirat die politische Umsetzung der Aboriginal Forderungen gesteuert werden soll. Das übergreifende Ziel ist die Aussöhnung (*reconciliation*).

Doch nur zögernd wurden und werden alte Vorstellungen und Rechtspositionen aufgegeben. Das beweist das ein Jahrzehnt laufende Verfahren vor dem Obersten Australischen Gericht, das der Torres Strait Islander Eddie Mabo und mit ihm andere aus dem Miriam-Stamm anstrengten, um die traditionellen Rechte ihrer Gruppe durchzusetzen. Das „Mabo-Urteil" vom 3. Juni 1992 erkannte zum ersten Mal ein Besitzrecht der Aborigines am Boden an, wenn auch nur ein gemeinschaftliches. Die Regierung sah sich daraufhin gezwungen, einen weiteren großen Schritt zu tun und 1993 den sogen. *Native Titles Act* zu erlassen, nach dem alle traditionellen Rechte und Sitten der Aborigines und Torres Strait Islanders anerkannt wurden, allerdings begrenzt durch Zugangs- und Bodennutzungsrechte für die jetzigen Landbesitzer und das Interesse des Staates an der Förderung von Bodenschätzen.

Das Mabo-Urteil wurde durch das sogen. Wik-Urteil nach der Klage des Wik-Stammes gegen den Staat Queensland im High Court Ende Dezember 1996 ergänzt: keine traditionellen Landrechte (*native title rights*) können per Gesetz gelöscht werden. Die Rechte der Landpächter wurden dabei als koexistent anerkannt. Daraufhin legte Premierminister Howard Anfang Mai 1997 einen

Zehn-Punkte-Plan vor, nach dem die traditionellen Rechte der Aborigines und die Pachtverträge der Farmer in Einklang gebracht werden sollen. Bisherige Pachtverhältnisse der Grundbesitzer sollen in Eigentumsrechte umgewandelt werden. Damit würden jedoch alle *native titles* gelöscht. Die Opposition und Vertreter der Aborigines kritisierten das Programm aus diesem Grunde heftig. Der im Dezember 1997 mit knapper Mehrheit angenommene *Native Title Amendment Act* entsprach kaum dem Geist des von John Howard propagierten Zehn-Punkte-Plans. Weder der „Wik-Fall" noch Howards Programm brachten also bisher eine endgültige Klärung.

Eine öffentliche Bitte um Entschuldigung für das den Aborigines angetane Unrecht lehnte Howard für seine Regierung ab, entschuldigte sich hingegen in einem rein persönlichen Sinne. Auch einer Entschädigungsleistung seitens der Regierung wollte Howard nicht zustimmen. Deshalb war der inoffizielle „Entschuldigungstag" am 26. Mai 1998 eine demonstrative Versöhnungsgeste seitens der Bevölkerung, als den Aborigines ein Sympathiebekenntnis in Form einer Liste von 300 000 Unterschriften überreicht und zahlreiche Buchgeschenke gemacht wurden. Immerhin entschuldigten sich die Parlamente von South Australia und Western Australia am 28. Mai ohne Vorbehalte bei den Aborigines für das ihnen früher zugefügte Unrecht.

Einige Zahlen zu den Aborigines

Bevölkerungsentwicklung 1788–1996

1788:	314 500	1976:	160 915
1861:	180 402	1981:	159 897
1933:	73 828	1986:	227 645
1954:	100 048	1991:	265 492
1961:	106 124	1996:	386 049
1971:	121 697		

Verteilung auf Staaten und Territorien (nach der Volkszählung von 1991)

Staat	Zahl	Anteil an Aborig. Bev.	Gruppen über 250 Personen*
New South Wales	70 020	26,4%	
Victoria	16 736	6,3%	
Queensland	70 130	26,4%	Guugu Yimidhirr, Kala Lagaw Ya, Kuku Yalandji, Miriam, Wik-Munkam
South Australia	16 238	6,1%	Pidjanjara
Western Australia	41 792	15,7%	Gugadja, Kitja Djaru, Martu Wangka, Ngaanyatjarra, Pintupi und Luritja, Walmatjarri, Yindjibarndi, Yulbaridja
Tasmania	8 886	3,4%	
Northern Territory	39 918	15,0%	Alyawarra, Anindilyakwa, Anmatjirra, Aranda, Burarra, Garawa, Gunwingygu, Gurindji, Murinh Patha, Nunggubuyu, Ritharngu, Tiwi, Warlpiri
Australian Capital Territory	1 772	0,7%	

* Es ist angesichts der zahlreichen Gruppen, die Ethnologen und Sprachwissenschaftler erfaßt haben, weder möglich, eine umfassende Liste aufzustellen, noch eine genaue Größenordnung anzugeben.

Landbesitz der Aborigines

Grundbesitz	632 035 km^2	8,23% d. Gesamtfl. Australiens
Pachtbesitz	96 228 km^2	1,25%
Reservate und Missionsgebiete	191 865 km^2	2,49%

Quellen: Australians. Historical Statistics. Hg. v. Wray Vamplew. Sydney 1987. 1994 Year Book Australia. Canberra 1993. The Book of Australia. Almanac 1997–98. Sydney 1997. Australia Now – A Statistical Profile. James Jupp (Hg.): The Australian People. North Ryde, NSW, 1988.

Einwanderer verlassen das Schiff in Sydney Cove, 1853,
Lithographie von Thomas Picken, nach Oswald Brierly

„Der Kontinent wurde mit Menschen einer fertigen Zivilisation
bevölkert. Die Briten kamen und drängten sich auf mit ihrem Sta-
cheldraht, ihren Eisenbahnen und ihrem Wirtschaftsjournalismus
und modernen liberalen Ideen. Ihr Eindringen gleicht dem undis-
ziplinierten Vorwärtsstürmen einer Horde, und manchmal, wie
beim Ansturm einer Horde, war es begleitet von Vernichtung.
Die australischen Aborigines, über Jahrhunderte abgeschlossen
von der zusammenwirkenden Kulturwelt, durch die sich nachbar-
schaftliche Nationen eine gemeinsame Zivilisation geschaffen haben, taten niemals den ersten entscheidenden Schritt über ein Jä-
ger- und Sammlerdasein hinaus, der sie zu Herren des Bodens
gemacht hätte. Stattdessen paßten sie sich dem Boden an, form-
ten eine komplexe Zivilisation von hoher Künstlichkeit, die jedoch erschreckend hilflos war, als sie von der raffgierigen Gesellschaft Europas angegriffen wurde."
W. K. Hancock: Australia. 1930, repr. Brisbane 1961, S. 20 f.
(Übers. J. H. V.)

Ur- und frühgeschichtliche Zeit: die Aborigines

Nach den Erkenntnissen der neuesten Forschung, insbesondere
nach der Datierung des 1974 am Lake Mungo gefundenen
Skeletts, bevölkerten die australischen Ureinwohner – Aborigines,
seltener Schwarzaustralier genannt – schon mindestens 60 000
Jahre den Kontinent. Durch ein der Landschaft und dem Klima
angepaßtes Leben konnten sie diesen zu Recht den ihren nennen,
der ihnen allein lange die Welt bedeutete. Um die genetischen,
ethnischen und sprachlichen Unterschiede zwischen den Schwarz-
australiern, die auf dem Festland leben, und denjenigen, die die
Torres Strait Inseln bevölkern, deutlich zu machen, wird offiziell
eine Sammelbezeichnung vermieden. Man nennt sie „Aborigines
and Torres Strait Islanders". Im folgenden wird der Kürze halber
stets die geläufige Sammelbezeichnung „Aborigines" verwendet.

Als das Leben der Menschen in Europa und Asien in der letzten Phase der Altsteinzeit vom Jäger- und Sammlerdasein geprägt
war, von dem die Höhlenmalereien in Südfrankreich und Nord-
spanien ein beredtes Zeugnis ablegen, als aber auch noch die
Nebenlinie des *homo sapiens,* der Neandertaler, hier anzutreffen
war, überquerte eine Gruppe des sich allgemein und überall

Felszeichnungen geben jahrtausendealtes Wissen wieder: „Röntgenmalerei" im Kakadu National Park. – Foto: I. Voigt

durchsetzenden *homo sapiens sapiens* die nicht sehr breite Wasserstraße von Asien und Neuguinea nach Australien. Wie die Überfahrt geschah und mit welchen Schiffen oder Flößen sie bewerkstelligt wurde, wird wohl immer ein Geheimnis bleiben. Neuesten Theorien zufolge sind die australischen Aborigines mit den „ersten" Ureinwohnern Amerikas verwandt, die von den mongoliden Indianern verdrängt wurden.

Die Aborigines lebten in Gruppen (Stämmen, *clans*) von 100 bis zu 1500 Personen zusammen, als Einheiten, die sich durch Traditionen, Mythen, Kultformen, Sprachen oder Dialekte von den jeweils sie umgebenden abhoben. Bei Ankunft der „zweiten" Ersten Flotte 1788 soll die Zahl der Aborigines nach früheren Schätzungen von Ethnologen um die 300000 betragen haben. Neuerdings wird sogar eine Bevölkerung von bis zu 750000 genannt. Die Zahl der Stämme wird zwischen 300 und 600 geschätzt. Es wurden damals etwa 250 Sprachen der *Pama-Nyungan*-Sprachgruppe mit 700 Dialekten gesprochen.

Feste politische Organisationen entwickelten die Aborigines zwar nicht, aber die gesicherte Zugehörigkeit zu einem Stamm und dessen geschlossenes und, wenn nötig, auch machtvolles Auf-

William Dampier über die Aborigines 1688

„Die Einwohner sind die erbärmlichsten der Welt. [...] Sieht man von ihrer menschlichen Gestalt ab, so unterscheiden sie sich wenig von wilden Tieren. Sie sind groß, gerade gewachsen und dünn, mit kleinen, langen Gliedmaßen. Sie haben einen großen Kopf, eine runde Stirn und starke Augenbrauen. Sie haben die Lider immer halb geschlossen, um die Augen vor den Fliegen zu schützen [...] Sie haben eine breite Nase, recht volle Lippen und einen breiten Mund [...] Ihr Gesicht ist länglich und von einem sehr unangenehmen Aussehen, da es keine anmutigen Züge zeigt. Ihre einzige Kleidung besteht aus einem Stück Baumrinde, die um die Hüfte geschlungen ist, und einer Handvoll von langem Gras oder drei oder vier kleinen grünen Zweigen voller Blätter, die sie unter den Gürtel gestopft haben, um ihre Nacktheit zu bedecken."

Aus: The History of Australian Discovery and Colonisation. Sydney 1865, S. 33 f. (Übers. J. H. V.)

treten gegen Übergriffe anderer Stämme, boten dem einzelnen genügend Schutz in seiner Gruppe und darüber hinaus.

Schon im Jahrhundert vor James Cooks Entdeckung der australischen Ostküste 1770 hatte sich in Europa eine gewisse, allerdings höchst fatale Vorstellung von den Aborigines festgesetzt. Der Seefahrer und -räuber William Dampier war es, der sie genau

James Cook in seinem Tagebuch 1770

„...in Wirklichkeit sind sie weit glücklicher als wir Europäer. Sie befinden sich in völliger Unkenntnis der überflüssigen wie der notwendigen Annehmlichkeiten, welchen das höchste Streben der Europäer gilt, und sie sind glücklich durch ihr Unwissen. ... Sie begehren keine prächtigen Häuser, Dinge des Haushalts etc., sie leben in einem warmen und angenehmen Klima und sind mit einer sehr gesunden Luft gesegnet. So bedürfen sie kaum der Kleidung und dessen scheinen sie sich voll bewußt zu sein; denn viele, denen wir Tuch etc. gaben, ließen dieses achtlos am Strand und in den Wäldern liegen, als ein Ding, wofür sie keinerlei Verwendung hatten."

Aus: James Cook, Entdeckungsfahrten im Pacific 1768–1779, hg. von A. Grenfell Price, übers. v. Reinhard Wagner. Tübingen 1971, S. 126 f.

einhundert Jahre vor der Landung der Ersten Flotte kurz beobachtete und sehr einseitig beschrieb. Sein Bild von ihnen war wenig schmeichelhaft.

Die Wehrlosigkeit der Aborigines gegen die technisch überlegenen und politisch organisierten und bewaffneten Europäer war eine bedauerliche Folge ihrer Stammesorganisation und eines Zusammenlebens in Formen distanzierter Nachbarschaft, die sich über Jahrtausende auf dem australischen Kontinent bewährt hatte, aber zur Abwehr gegen die völlig neue und fremde Herausforderung nicht mehr taugte.

Als James Cook die Ostküste Australiens entdeckte, war sein Eindruck von den Aborigines, daß sie eine in sich ruhende, friedliche Gesellschaft darstellten, die des Einflusses europäischer Zivilisation nicht bedurfte.

Die Suche nach der „terra australis" und ihre Entdeckung

Das Adjektiv *australis* im Sinne von ‚südlich' wurde schon in der Antike in der Verbindung von *terra australis* für einen großen, im Süden der Erde vermuteten Kontinent verwendet. Konkrete Anhaltspunkte für die tatsächliche Existenz eines solchen Kontinents gab es nicht. Wichtigstes Argument war die Annahme eines „Gleichgewichts" der Erdmassenverteilung zwischen Nord und Süd.

Erst nach der Entdeckung Amerikas gab es vereinzelte, gewollte wie ungewollte, Annäherungen – zuerst der Holländer, dann der Spanier und schließlich der Engländer – an den unbekannten Kontinent. Holländische Kapitäne verschlug es mit ihren Schiffen auf den Fahrten nach Niederländisch Ostindien gelegentlich an die unwirtliche West- und Nordküste des unbekannten Erdteils. Eine geplante Entdeckungsreise hingegen war die Fahrt von Abel Janszon Tasman, der die heute nach ihm benannte, dem Kontinent vorgelagerte Insel Tasmanien 1642 entdeckte und Van Diemen's Land taufte. Der in seinen Umrissen bis dahin nur im Westen bekannte Kontinent wurde in den folgenden zweihundert Jahren auf Atlanten als „Neu-Holland" verzeichnet, wobei der Verlauf der Ostküste der Phantasie der Kartographen überlassen war.

Angesichts der drohenden Gefahr, von den ebenfalls in Übersee operierenden Franzosen überrundet zu werden, sandte die briti-

„Im Namen der Krone",
Captain Cook nimmt den australischen Kontinent in Besitz. –
Samuel Calvert nach John Gilfillan, National Library of Australia, Canberra

sche Admiralität im Zusammenwirken mit der renommierten wissenschaftlichen Gesellschaft in London, der Royal Society, 1768 Captain James Cook mit der Aufgabe auf die Reise, das Geheimnis der *terra australis* aufzuklären. 1770 entdeckte Cook die Ostküste Australiens, die er bei einigen Landungen erkundete, vor allem in der dann so benannten Botany Bay, wo der Naturforscher Joseph Banks zusammen mit dem schwedischen Botaniker Daniel Carl Solander eine Fülle fremder Pflanzenarten sammeln konnte. Mit der Flaggenhissung auf einer nördlicher gelegenen kleinen Insel, passend „Possession Island" getauft, wurde New South Wales für die englische Krone in Besitz genommen.

Weder der Entdecker James Cook noch der Kommandant der Ersten Flotte und erster Gouverneur von New South Wales, Arthur Phillip, verhandelte mit den Aborigines über die Aneignung des Kontinents und die Anlage von Siedlungen, noch schlossen sie irgendwelche Verträge mit den alten und „eigentlichen" Australiern ab. Diese Unterlassung war ein Zeitzünder, der erst in der zweiten Hälfte des 20. Jahrhunderts explodierte.

Als Arthur Phillip den Union Jack in Sydney hißte, dominierte in England ideenmäßig und politisch das Prinzip der Nützlichkeit. Der Verlust der amerikanischen Kolonien 1783 traf die britische Gesellschaft schmerzlich: Rohstoffquellen, Absatzmärkte und Siedlungsgebiete für die als „überschüssig" angesehene Bevölkerung gingen verloren. Flachs und Schiffbauholz wurden von der Wirtschaft dringend benötigt, aber für den Staat geradezu brennend wurde das Problem der bisher eher leger gehandhabten Abschiebung (transportation) von Strafgefangenen nach Amerika. Diese ging zu einem Zeitpunkt zuende, als die Zahl der Verurteilten in die Höhe schoß und die Gefängnisse in England die Häftlinge nicht mehr faßten. Die „Notlager" in den Rümpfen abgetakelter, an der Pier festgemachter Segelschiffe bordeten ebenfalls bald über und wurden damit auch ihrer alten, noch mit der aktiven Fahrt verbundenen Bezeichnung „Seelenverkäufer" voll und ganz gerecht. Diesen Zustand zu ändern, diktierte das Gebot der Humanität wie das Prinzip der Nützlichkeit.

Die Erste Flotte und das „transportation system"

Das nunmehr in seinen Umrissen bekannte Neu-Holland bot der britischen Regierung seiner Ferne wegen ein geradezu ideales Land, sich der Sträflinge auf „humane" Art und Weise zu entledigen. Nützlich erschien eine transportation nicht nur, weil damit das Mutterland entlastet und den Sträflingen zumindest theoretisch ein Weg zurück in die Gesellschaft geboten wurde, sondern auch, weil mit solcher Zwangsmigration der ferne Erdteil sich am ehesten und billigsten besiedeln ließ. Dies waren Überlegungen, die die britische Regierung zur Entsendung der Ersten Flotte von 11 Schiffen unter Captain Arthur Phillip bewog.

Mit 718 Sträflingen und 211 Soldaten (mit 30 Frauen und 11 Kindern) an Bord landete die Erste Flotte am 18. Januar 1788 in der Botany Bay, segelte aber kurz darauf in den nahen, von Cook nicht erforschten Port Jackson hinein, an dessen Gestade Sydney als Verwaltungssitz und Zentrum der neuen Kolonie New

South Wales gegründet wurde – gerade rechtzeitig, um sich einer wenige Tage später eintreffenden französischen Flotte als „First Fleet" und in einem eben aufgeschlagenen Lager in Sydney Cove mit wehender Flagge als neue britische Kolonie zu präsentieren.

Der First Fleet sollten unzählige weitere folgen. Monat für Monat wurden Strafgefangene in Segelschiffen auf einer vier- bis sechsmonatigen Reise zum Fünften Kontinent transportiert, zum Teil unter katastrophalen Bedingungen. Auch wenn viele der Gerichtsurteile „nur" auf eine vier oder sieben Jahre dauernde Verbannung lauteten, so sah von den Deportierten kaum je einer die alte Heimat wieder. Allerdings wurden die meistens früher oder später in eine relative Freiheit entlassen, d.h. als Arbeitskräfte einem Viehzüchter, Farmer oder Unternehmer überlassen; auch die Regierung rekrutierte Fachleute aus ihrer Mitte.

Der über die Jahre wachsende Anteil von Freigelassenen und freien Einwanderern in der Bevölkerung untergrub die abschreckende Wirkung des ausgeklügelten *transportation system*. Verbesserte Lebensbedingungen nahmen der Deportation den

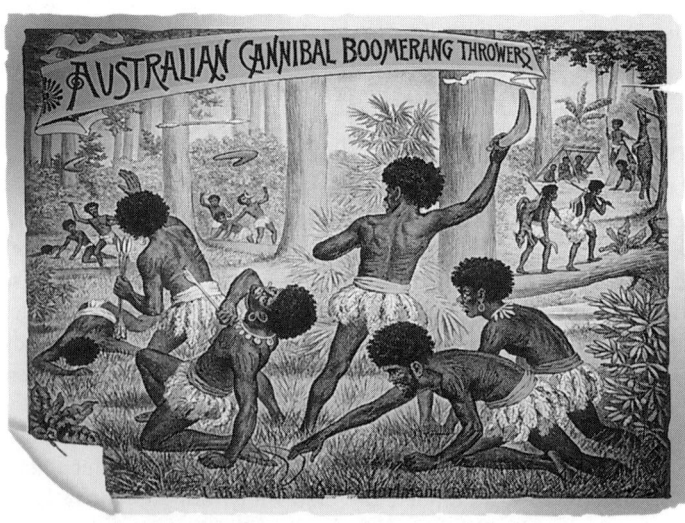

Von den 17 „Wilden", die Barnum's Circus
Ende des 19. Jh. auf einer Europatournee vorführte,
überlebten nur zwei

Schrecken, ja machte sie sogar attraktiv für potentielle Auswanderer. Auf den Druck der Freien in Australien hin wurden schließlich die Sträflingstransporte schrittweise eingestellt: nach New South Wales 1840, nach Moreton Bay 1851, nach Tasmanien 1852, nach Western Australia allerdings erst 1868.

Siedler und Besetzer

Die „Freien" hatten über die Jahre von der Arbeit der ihnen zur „Betreuung" und Beaufsichtigung überlassenen Deportierten stark profitiert. Die Strafgefangenen waren billige Arbeitskräfte

---

„Neu-Holländer in Straßburg"

„Viel ist, auch in Pariser Blättern, ein Menschenpaar besprochen worden, das hier unlängst eine Zeitlang unter der Benennung Neuholländischer Boschmänner für Geld zu sehen war. Manche Personen wollten eitel Betrügerey hiebey finden, und sogar Zigeunerworte erkennen. Wir müssen gestehen, daß nach wiederholter Betrachtung die fremde, ganz negerartige Bildung, besonders des Mannes, uns diese Behauptung nicht theilen ließ. Seine Hautfarbe ist braun, etwas ins Röthliche schillernd; der Körper klein, wenig über 4 Fuß messend, wohl proportionirt; die Haupthaare sind schwarz und kraus; der sonderbare etwas dünne Kinnbart ebenfalls; das Auge blickt wild und verschlagen; die Zähne sind stark und schön; die Nase ist ziemlich fein gebaut und wenig abgeplattet. Er verzehrte täglich vor dem Publikum ein rohes Huhn, das er schnell die Gurgel durchbeißend tödtete, und mit großer Fertigkeit rupfte und ausnahm, alles mit Zähnen und Händen, ohne Messer; dabey genoß er rohes Gemüse und Obst, und gerne Zucker, und trank Branntwein. Das Weib soll vom Vater her Metif [d. h. Abkömmling von Weißen] seyn; sie ist weniger braun, hat aber sonderbares langes, krauses Haar. Beyde hatten eine starke, eigenthümliche Ausdünstung. Sie führten zusammen angebliche Nationalgesänge und Tänze aus, so bey einer Art Verehrung eines ausgestopften Stierkopfs. [. . .] Zu erwähnen ist, daß der Mann, da man beyde in dem Theater in Azemia unter den Wilden auftreten ließ, ungeachtet aller Versprechungen, sich nicht abhalten ließ, Tanz und Alles zu vergessen, sobald die Zuschauer anfingen Obst und Zuckerwerk auf's Theater zu werfen, und sich über dieses herzumachen."

Aus: Morgenblatt für gebildete Stände, 28. 2. 1817, S. 203 f.

---

der Schafzüchter, die entweder Weideland von der Kolonialverwaltung für wenig Geld erwarben oder es einfach „besetzten" und damit eigentumsrechtlich vollendete Tatsachen schufen. Mit der Einführung der Schafzucht seit Beginn des 19. Jahrhunderts begann der wirtschaftliche Aufschwung. Auf Jahrzehnte wurde die Wolle zum wichtigsten Exportartikel des neuen Kontinents; sie nimmt noch heute eine bedeutende Stelle im australischen Exporthandel ein.

Einer Besiedlung wie Nutzung des Landes für Ackerbau und Viehzucht standen die Aborigines im Wege. Ihre häufig mit Heimstücke und Gewalt verbundene Verdrängung (s. S. 47 f.) wurde als Konsequenz der legalen und illegalen, doch von den Behörden geduldeten und im letzteren Falle auch schließlich anerkannten Landnahme in Kauf genommen. Bei dem ethnischen und kulturellen Überlegenheitsbewußtsein der Neuankömmlinge kamen Gewissensbisse kaum auf, und wenn, dann wurden sie unterdrückt. Selbst im kontinentalen Europa waren die Aborigines Objekte des Spottes und der Verachtung, sie wurden wie exotische Wesen in Varietés und Zirkusvorstellungen vorgeführt und behandelt.

Die Erforschung des Landesinnern

Eine Kolonie zu gründen in den damals international üblichen Formen wie Verkündung der Besitzergreifung, Flaggenhissung, Errichtung eines Gebäudes, Kartendokumentation etc., war eine Sache, den neuen Besitz tatsächlich zu kennen und zu erforschen, eine andere. Kenntnisse vom Land, seiner Geographie, seines Klimas und seiner Vegetation waren für die Nutzung durch Farmer und Viehzüchter schlicht eine conditio sine qua non.

Es dauerte mehr als hundert Jahre, bis die letzten weißen Flecken von der australischen Landkarte getilgt waren. Die Erforschung des Fünften Kontinents war eine Herausforderung, die viele wagemutige Männer reizte, aber viele auch Leben und Gesundheit kostete. Den genauen Verlauf der Küste erkundete zu Beginn des 19. Jh. der britische Kapitän Matthew Flinders, dessen aus Österreich stammender Begleiter und Kunstmaler Lukas Bauer höchst reizvolle Darstellungen der Flora und Fauna lieferte. Der französische Kapitän Thomas N. Baudin mehrte zur gleichen Zeit die Kenntnisse des Küstenverlaufs.

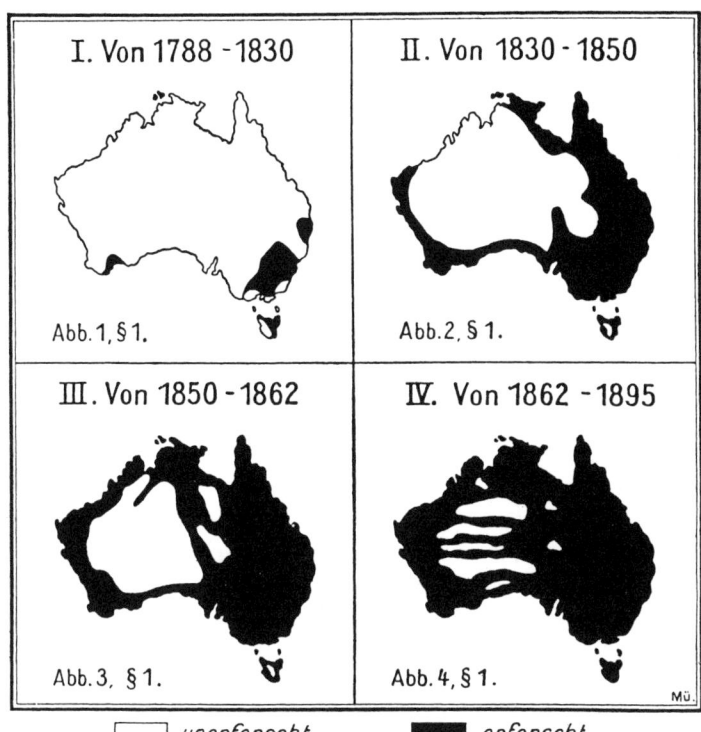

I. Von 1788 - 1830	II. Von 1830 - 1850
Abb. 1, § 1.	Abb. 2, § 1.
III. Von 1850 - 1862	IV. Von 1862 - 1895
Abb. 3, § 1.	Abb. 4, § 1.

☐ *unerforscht* ■ *erforscht*

Die Erschließung Australiens, nach Griffith Taylor
(Nach H. Harms: Australien, Leipzig 1927, S. 4)

Am frühesten wurden die Regionen entfernter Strafniederlassungen bekannt, wie das Van Diemen's Land (das spätere Tasmanien) und die Norfolk Inseln. Eigenartigerweise dauerte es ein Vierteljahrhundert, bis nach der Gründung von Sydney ein Vorstoß über die Blauen Berge ins Landesinnere erfolgte und Bathurst gegründet wurde. Das fruchtbare Gebiet im Süden, anfangs „Australia Felix" genannt, wurde von verschiedenen Forschern besucht, von denen Charles Sturt und (Sir) Thomas Mitchell vor allem das Flußsystem erkundeten. Eine große Pionierleistung war die Durchquerung der wüstenähnlichen Nullarbor Ebene im Süden und Südwesten durch John Edward Eyre 1840–41.

Berühmt wurde der aus Trebatsch in Brandenburg stammende Ludwig Leichhardt, als er 1844–45 von den Darling Downs nach Port Essington an der Nordküste vorstieß. Bei seinem nächsten, noch ehrgeizigeren Unternehmen jedoch, der Durchquerung des Kontinents in ganzer Länge von Ost nach West, ist er irgendwann im Jahre 1848 mit seiner ganzen Mannschaft irgendwo verschollen. Aus den vielen Vorstößen ins Innere verdient eine besondere Erwähnung, nämlich die erste Expedition von Süd nach Nord unter der Leitung von Burke und Wills im Jahre 1860/61, die nicht nur die beiden, sondern insgesamt sieben Teilnehmer das Leben kostete.

Weniger dramatisch verliefen John McDouall Stuarts Versuche einer Süd-Nord-Durchquerung des Kontinents seit 1860 bis zu seinem Erfolg zwei Jahre später. Sie war auch deshalb von großem Nutzen, weil 1870–72 die erste Telegraphenlinie durch Australien entlang dieser Route gelegt wurde. Forschungsreisende wie Ernest Giles und Peter Warburton erkundeten das Innere und damit die geographische Gestalt des Kontinents, seine Flora und Fauna, die der Wissenschaft entscheidende neue Erkenntnisse eintrugen. William Gosse entdeckte 1873 den größten Monolithen der Erde: Ayers Rock (in der dortigen Aboriginalsprache: Uluru). Die Gebrüder John und Alexander Forrest erforschten die Weiten von Western Australia. Aber die lange und immer wieder gehegten Hoffnung auf die Entdeckung großer fruchtbarer Gebiete blieb am Ende unerfüllt. Welche Schätze hingegen der Boden barg, ahnte bis zur Mitte des 19. Jh. niemand.

Suche nach Reichtum: Goldrausch und Imperialismus

Die Entdeckung des Goldes 1851 zunächst in New South Wales, dann vor allem in Victoria veränderte Aussehen wie Ansehen Australiens in der Welt. Hunderttausende, die durch den Fund eines Goldklumpens auf einen Schlag reich werden wollten, strömten ins Land. Viele fanden jedoch nicht einmal soviel, um den Fahrpreis für die Rückreise aufzubringen. Ein Aufstand der Goldgräber Anfang Dezember 1854 richtete sich vornehmlich gegen die übermäßig hohen Lizenzgebühren für das Schürfen. Der ungleiche Kampf in der Schlacht an der Eureka Stockade bei Ballarat kostete 22 Goldgräber und 6 Soldaten das Leben.

Karl Marx über den Aufstand der Goldgräber in Ballarat

„Die eigentlich großen Streitfragen, um die sich die revolutionäre Bewegung in der Provinz [richtig: Kolonie] Victoria dreht, sind zwei. Die Goldgräber verlangen Abschaffung der Patente zum Goldgraben – d. h. einer direkt auf die Arbeit gelegten Steuer; sie verlangen zweitens Abschaffung der Eigentumsqualifikation für Mitglieder der Repräsentantenkammer, um so selbst Kontrolle über Steuern und Gesetzgebung zu erhalten. Man sieht: im wesentlichen ähnliche Motive wie die, die zur Unabhängigkeitserklärung der Vereinigten Staaten führten, nur, daß in Australien der Gegensatz von den Arbeitern gegen die mit der Kolonialbürokratie verbundenen Monopolisten ausgeht.“

Aus: Neue Oder-Zeitung, 7. 3. 1855. In: Karl Marx, Friedrich Engels, Werke. Berlin: Dietz Verlag, 1969. Bd. 11, S. 106.

Mit dem Gold setzte ein wirtschaftlicher Aufschwung ohnegleichen ein. In den 50er Jahren wuchs die australische Bevölkerung von 405 000 auf 1 146 000 Personen, die Kolonie Victoria allein von 76 000 auf 538 000. Hinsichtlich der Einwohnerzahl holte Melbourne die Metropole Sydney ein und konnte sich als reichste Stadt des Kontinents auch kulturell profilieren, so daß ihre Charakterisierung als „*Marvellous Melbourne*" schon zutreffend war.

Auf vielen Goldfeldern des Kontinents wurde das glänzende Metall gesucht und gefunden. Welche Vielfalt und Mengen an Bodenschätzen der Erdteil birgt, wurde erst im ausgehenden 19. und im Verlaufe des 20. Jh. entdeckt. Schon relativ früh waren Kupfervorkommen in Südaustralien und Kohlevorkommen in New South Wales entdeckt und abgebaut worden. Dann, in den 80er Jahren des 19. Jh., hatte ein aufmerksamer Einwanderer aus Deutschland – der seine adlige Herkunft hinter dem schlichten Namen Karl Rasp verbarg – die Silber-, Blei- und Zinkerze in Broken Hill und damit das reichste Erzlager seiner Art in der Welt entdeckt.

Die Ausbeute wurde von Minengesellschaften in England, Belgien und Deutschland begonnen. Eine wichtige Voraussetzung für eine ausgiebige und gewinnbringende Nutzung der australischen Erzvorkommen war die Einrichtung von Dampfschiffsverbindungen in den letzten zwei Jahrzehnten des 19. Jh., die nun einen relativ sicheren und schnellen Transport innerhalb von drei bis vier Wochen zu den Verarbeitungsstätten in Europa ermöglichten.

Die geschrumpfte Ferne hatte eine andere, weniger erfreuliche Folge: der pazifische Raum wurde von Kontinentaleuropa, den USA und schließlich auch von Japan als potentielles Wirtschaftsgebiet ausgemacht und unter den imperialistischen Mächten aufgeteilt. Das Deutsche Reich konnte sich trotz australischer Vorwarnungen, die man in London überhört hatte, ein Viertel im Nordosten der großen Insel Neuguinea mit einer Reihe von Inselgruppen als Kolonie sichern. Als die Briten sich Papua, d.h. den Südosten Neuguineas, vor allem auf australischen Wunsch hin einverleibten und dessen Verwaltung alsbald in australische Hände legten, wurde Deutschland zum Nachbarn Australiens.

Brief aus Melbourne – 1.8.1859

„Zu Hause, lieber Karl, weiß man kaum, was Zivilisation ist. Man ist daran gewöhnt, man hat's sein Lebtag nicht anders gesehen, man weiß es nicht besser. In der Tat auch hier brauche ich manchmal einen so starken Stimulus wie den des ersten Besuches einer großen Bibliothek, um für einen Augenblick an den Gegensatz von Kultur und Naturzustand zu denken. Aber nach fünfmonatiger Reise durch wildes Land, nach Ankunft in einer noch jungen und so volkreichen, prächtigen und luxuriösen Stadt und endlich beim Eintritt in diese schöne, freie, öffentliche Anstalt, da kann man gar nicht anders, als diese zwei Zustände in ihrer grellen Differenz auf einmal vors Auge zu bringen. Noch sind die letzten Lagerfeuer mit den hungrig herumstehenden armen Wilden lebhaft im Gedächtnis, und die wenige Jahre zählende Geschichte der Kolonisation Australiens bringt uns beim oberflächlichen Gedanken an seine Vergangenheit sogleich in die dunklen Jahrhunderte des Naturzustandes zurück. Vor 20, ja nur vor 15 Jahren campten vielleicht auf eben dieser Stelle, nahe dem damals kleinen Städtchen Melbourne Wilde und buken ihre Opossums in der heißen Asche, rauchten ihre Pfeifen und tanzten ihren Corroboree. Heute steht ein stattliches Gebäude [die Öffentliche Bibliothek] da, von wenigen erst angeregt, von vieler Bürger und Botanisten Zusammenwirken aufgebaut, das unentgeltlich jedem die Tore öffnet und jedem geistige Nahrung bietet."

Hermann Beckler: Entdeckungen in Australien. Briefe und Aufzeichnungen eines Deutschen 1855–1862. Hg. von Johannes H. Voigt. Stuttgart 2000.

Commonwealth of Australia

Vom Kolonialstatus zum Bundesstaat

In der ersten Hälfte des 19. Jahrhunderts wurde der Kontinent sukzessiv in sechs Kolonien und ein großes Territorium, das wenig besiedelte Northern Territory, eingeteilt, die alle separat vom *Colonial Office* in London beaufsichtigt wurden. Ihre unterschiedliche Entstehung, sei es als Strafkolonie, sei es als Kolonie freier Einwanderer, sei es als Abspaltung von der Ursprungskolonie New South Wales, prägte den politisch-gesellschaftlichen Charakter der verschiedenen Kolonien.

Tasmania, ursprünglich Van Diemen's Land genannt, war 1803 als Deportationskolonie für Strafgefangene von New South Wales gegründet worden. Es gewann 1825 seine Eigenständigkeit. Nach einem 1829 erhobenen westaustralischen Anspruch auf das ganze Gebiet des Kontinents, das nicht zu New South Wales gehörte, wurde der Begriff „Australia" offiziell eingeführt. Jahre nach einem ersten Siedlungsversuch an der Westküste des Kontinents wurde am Swan River eine Strafniederlassung angelegt. Eine „freie" Siedlung war dagegen die Kolonie South Australia, die 1836 von der South Australian Association gegründet wurde. Der gleichsam „private" Charakter der Niederlassung ermöglichte bereits 1838 die erste größere Gruppen-Einwanderung von Deutschen. Allen voran kamen Altlutheraner, die Preußen aus religiösen, politischen und wirtschaftlichen Gründen verließen. Victoria hatte ebenfalls einen „sträflingsfreien" Ursprung mit der Gründung von Melbourne 1835. Anderthalb Jahrzehnte später wurde diese „Australia Felix" genannte Region aus New South Wales ausgegliedert und zu einer separaten Kolonie erhoben. Queensland schließlich, das seinen Weg mit einer 1829 angelegten Sträflingssiedlung an der Moreton Bay begonnen hatte, wurde 30 Jahre später abgetrennt. Das 1839 der Regierung in Sydney unterstellte New Zealand löste sich davon 1841.

Seit den späten 30er Jahren war die Forderung der freien Einwanderer und der inzwischen „emanzipierten" einstigen Strafgefangenen nach einem Ende des Deportationssystems und nach politischer Mitbestimmung laut geworden. London gab 1850 nach, stimmte aber erst seit Mitte der 50er Jahre der Eigenregierung zu, wobei das dünn besiedelte Northern Territory außen vor blieb und seit 1863 von South Australia verwaltet wurde.

Die langsame Lockerung der imperialen Klammer gab den einzelnen Kolonien genügend Spielraum, sich in Autonomie zu üben. Sie waren auf dem besten Wege, den europäischen Kontinent in seiner staatlichen Zerrissenheit zu kopieren: sie betrieben eine egoistische Wirtschaftspolitik, führten Zollschranken ein, legten Häfen und das Straßen- und Schienennetz so an, daß vor allem die Kolonisten in den eigenen Grenzen davon profitierten, und trieben mit Eisenbahnlinien unterschiedlicher Spurweiten die Egozentrik auf die Spitze. Es bedurfte zweierlei Schocks, daß Vernunft und wirtschaftlicher Weitblick wieder Eingang in die Politik fanden: erstens eine wirtschaftliche Rezession, die alle Kolonien des Kontinents 1884/85 erfaßte, und zweitens der imperialistische Einbruch Deutschlands und Frankreichs in den von Australien als Hinterhof angesehenen südwestpazifischen Raum.

Der gelegentlich als „australischer Bismarck" bezeichnete Premier von New South Wales, Henry Parkes, war es, der 1889 die Alarmglocken schrillen ließ und mit einer kraftvollen Rede die Politiker aus ihren selbstgefälligen Träumen riß. Parkes forderte eine nationale Regierung für den ganzen Kontinent. Das daraufhin aktivierte *Federal Movement* erfaßte alle Kolonien – Vertreter des anfangs beteiligten New Zealand scheuten schließlich vor dem letzten Schritt zurück und hielten an der Eigenständigkeit ihres Landes fest. Nachdem die Legislative jeder der sechs Kolonien den nach US-amerikanischem Vorbild geschaffenen Entwurf einer Bundesverfassung gebilligt und eine Volksabstimmung unterschiedliche Mehrheiten in den Kolonien erbracht hatte, wurde – nach der Annahme des Verfassungstextes auch im englischen Parlament und nach der Unterzeichnung durch Queen Victoria – der australische Bundesstaat mit dem Namen „Commonwealth of Australia" ins Leben gerufen. Am 1. Januar 1901 wurde Wirklichkeit, was der erste australische Premierminister Edmund Barton so formuliert hatte: „There is nation for a continent, and a continent for a nation". Um eine politische Rivalität zwischen den Metropolen Sydney und Melbourne auszuschließen, einigten sich die Staatsgründer auf die Errichtung einer zwischen beiden liegenden Hauptstadt: Canberra.

Von 1870 bis 1900 wurde das australische Eisenbahnnetz von knapp 1000 Meilen auf 13 000 Meilen ausgebaut – allerdings konnten sich die Einzelstaaten nicht auf eine einheitliche Spurweite einigen. – James Northfield Estate, State Library, Vic.

Herausforderungen

Als geeinter Staat mit einer Bevölkerung von 3,8 Millionen überschritt Australien optimistisch und skeptisch zugleich die Schwelle ins 20. Jahrhundert. Zu Optimismus stimmte der massiv einsetzende wirtschaftliche Aufschwung, zu Pessimismus die mit dem Burenkrieg in Afrika beginnende deutsch-britische Verstimmung. Das deutsch-britische Flottenwettrüsten gab der politischen Entfremdung eine militärische Dimension. Mit Besorgnis wurde auch die rasante Entwicklung Japans zu einer Seemacht beobachtet. Australien selbst wurde zu einer Art Kolonialmacht, als ihm 1906 vom Mutterland die Verwaltung im britischen Neuguinea (Papua) übertragen wurde.

Die überschwengliche Begeisterung der Bevölkerung beim Besuch der US-amerikanischen großen White Fleet 1908 in Sydney war ein deutliches Zeichen, daß die Augen der Australier auch auf die Macht des „großen Bruders" am anderen Ufer des Pazifik gerichtet waren. Seine Sicherheit suchte Australien militärisch aber nach wie vor in einer engen Bindung an das Mutterland und bevölkerungspolitisch durch eine rassistisch geprägte Einwanderungspolitik. Der Verteidigung des Empire diente die Schaffung der Royal Australian Navy, deren drei neue, im Mutterland erbaute Kriegsschiffe 1913 stolz in Port Jackson einliefen. Einer möglichen Unterwanderung der australischen Gesellschaft durch Asiaten sollte mit der sogenannten *White Australia Policy* ein Riegel vorgeschoben werden. Ein berüchtigtes Instrument dieser auf gesamtaustralischer Ebene eingeleiteten Politik, mit der fast 70 Jahre lang die Einwanderung von Asiaten ausgeschlossen wurde, war ein Diktat-Test in irgendeiner europäischen, von den Prüfenden auszuwählenden Sprache.

Mit drastischen Einwanderungsbestimmungen sollten auch politisch unliebsame Personen von Besuch und Einwanderung ferngehalten werden. Dies erfuhr der als „rasender Reporter" bekannte Egon Erwin Kisch noch 1934, der zu einem Anti-Kriegs-Kongreß nach Australien reiste und sich die verbotene Landung mit einem gebrochenen Bein erzwang, als er mit einer Flanke über die Reeling an Land sprang. Da man bei diesem weitgereisten und welterfahrenen Mann viele Sprachkenntnisse vermutete, unterzog man ihn einem Sprachtest in Gälisch, um somit das Einreiseverbot rechtfertigen zu können.

Eine auf Schutzzoll bauende, von Gewerkschaftsseite geforderte und voll unterstützte Handelspolitik sollte den hohen Lebensstandard der Bevölkerung absichern. Obgleich gelegentlich als „Arbeiterparadies" apostrophiert, stiftete Australien auswärts viel böses Blut; so rückte ein Zollkrieg mit Deutschland in greifbare Nähe. Das als bedrohlich angesehene Japan hingegen konnte 1902 von England in ein Bündnis eingebunden und somit für Australien „neutralisiert" werden.

Der Erste Weltkrieg und die Zwischenkriegszeit

Mit der britischen Kriegserklärung an Deutschland trat auch Australien in den Krieg ein. Seine Verbundenheit mit dem Empire bewies Australien zusammen mit Neuseeland durch die schnelle und im eigenen Interesse liegende Besetzung der deutschen Kolonien südlich des Äquators, insbesondere des deutschen Teils von Neuguinea (KaiserWilhelmsland). Wie zwischen London und Tokio vereinbart, „operierte" nördlich des Äquators die verbündete, aber mit Mißtrauen beäugte Macht Japan.

Die Lage im Nahen und Mittleren Osten und in Europa, wo die Bastion der Mittelmächte gebrochen werden sollte, verlangte eine militärische Verstärkung. Die Landung australischer und neuseeländischer Truppen beim türkischen Gallipoli am 25. April 1915 wurde nach der Räumung des Brückenkopfes gegen Ende jenes Jahres als „ANZAC Day" (der Tag des *Australian and New Zealand Army Corps*) gefeiert. Als „Geburtstag" der Nation, die mit diesem Unternehmen ihre Feuerprobe bestanden zu haben glaubte, blieb *ANZAC Day* bis heute ein nationaler Feiertag mit Paraden und Kranzniederlegungen.

Einer hysterischen Phantomschlacht gleich kam der damals propagandistisch angefachte Kampf gegen den „Feind im eigenen Lager", mit dem gegen alles, was deutscher Herkunft war, zu Felde gezogen wurde. Längst naturalisierte Deutsche wurden auf bloßen Verdacht oder anonyme Denunziation hin interniert, die deutsche Sprache in Schulen und Öffentlichkeit verboten, deutsche Ortsnamen von der Landkarte getilgt, deutsches Firmeneigentum konfisziert usw.

Australiens Kriegsbeitrag war beachtlich, ist aber seitens der britischen Geschichtsschreibung nie genügend anerkannt und ge-

---

Prime Minister W. M. Hughes über seine Verhandlungsführung bei den Friedensverhandlungen in Paris 1919

„Was haben wir aus diesem Krieg gewonnen? [...] Wir gingen in den Konflikt aus Gründen unserer eigenen nationalen Sicherheit hinein, um unsere bedrohte nationale Integrität zu bewahren, unsere Freiheiten zu sichern und solche freien Institutionen, die bei allen unterschiedlichen politischen Meinungen wesentlich für unser nationales Leben sind, und solche Ideale hochzuhalten, die wir an die Spitze unseres Fahnenmastes gehängt haben – ‚Weißes Australien' und die anderen Ziele dieser jungen Demokratie. [...] Australien hat ohne eigenes Verschulden eine riesige Schuldenlast auf sich genommen, denn wir hatten keine Schuld an dem Blutvergießen in diesem Kampf; wir brachen den Krieg nicht vom Zaune – wer auch immer schuldig ist, wir waren es nicht."

Aus: Sources of Australian History. Ausgew. und hg. von M. Clark, London etc. 1971, S. 567/569. (Übers. J. H. V.)

würdigt worden, wie australische Historiker beklagen. So gelang der entscheidende alliierte Durchbruch am 8. August 1918 an der Westfront im Frontabschnitt des australisch-neuseeländischen Armeekorps unter dem Oberbefehl des australischen Generals Monash, dessen Vater einst aus Deutschland eingewandert war. Ludendorffs „schwarzer Tag", mit dem die deutsche Niederlage offenbar wurde, war also im wesentlichen „Australia made"!

Mit fast 60 000 Gefallenen entrichtete Australien einen im Verhältnis zur Bevölkerung höheren Blutzoll als jeder andere Teil des britischen Empire. Hughes verlangte in Versailles von Deutschland hohe finanzielle Reparationen, die nur zu einem Bruchteil erfüllt wurden, da alle deutschen Reparationsleistungen während der Weltwirtschaftskrise eingestellt wurden. Neuguinea blieb als Völkerbundsmandat von Australien verwaltet. Erst 1949 wurden „Papua and New Guinea" vereinigt.

Die rassistische *White Australia Policy,* durch Japans Forderung nach Gleichberechtigung aller Nationalitäten bedroht, wurde in Versailles mit einem Kompromiß entschärft, nach dem jedem Japaner theoretisch die Berechtigung zur Einwanderung nach Australien zugestanden wurde, de facto aber kein Gebrauch davon gemacht werden sollte. Daß das Ende des englisch-japanischen Bündnisses 1922 und die unter Druck der USA an dessen Stelle tretenden Washingtoner Abkommen von 1921/22 die australische Sicherheit vor dem ehrgeizigen und nach Expansion strebenden japanischen Kaiserreich erhöhen würde, wurde selbst in Australien bezweifelt. Der mit britischen und australischen Mitteln vorangetriebene Ausbau der Festung Singapur in der Zwischenkriegszeit diente mehr der Beruhigung als der tatsächlichen Sicherheit Australiens. In erster Linie sollten wachsender Wohlstand sowie eine staatlich geförderte Einwanderung von den britischen Inseln Australiens innere und äußere Sicherheit in den 20er Jahren gewährleisten.

Die Wirtschaftskrise, die Australien 1927 heimsuchte, war schon so gut wie überwunden, als die von den USA ausgehende Weltwirtschaftskrise noch einmal den Fünften Kontinent erfaßte. Die zwischen den Teilen des Empire auf der Konferenz von Ottawa 1932 geschlossenen bilateralen Verträge sollten der Krise entgegensteuern und das imperiale Band den neuen Entwicklungen in der Welt anpassen. Am Horizont tauchten andere interna-

*Ein Hotel von 1923, heutzutage ein liebenswürdiges
und wegen seines Alters schützenswertes Relikt*

tionale Krisen auf: der Faschismus in Italien und der National-
sozialismus in Deutschland. Japans Eroberung der Mandschurei
und sein Krieg gegen China seit 1937 verstärkten die nie ganz ge-
schwundene Furcht vor der „aufgehenden Sonne" Nippons.

Der Zweite Weltkrieg

Anfangs schien der Zweite Weltkrieg in ähnlichen Bahnen zu ver-
laufen wie der Erste. Australien hoffte, daß er wie damals auf
weit entfernten Kriegsschauplätzen geführt würde. Mit einer Bevölkerung von sieben Millionen inzwischen fast doppelt so stark
wie beim Ausbruch des Ersten Weltkrieges, vertraute es sich wiederum dem Schutz und Schirm des britischen Empire an. Es rü-
stete rapide auf und eilte dem Mutterland zu Hilfe, nicht zuletzt
in der Erwartung, in eigener Notlage ebenso unterstützt zu werden. In Griechenland und Nordafrika eingesetzte australische
Truppen erlitten schwere Verluste. Als Premierminister Menzies
nach einem als allzu lang empfundenen Aufenthalt im mutterlän-
dischen London 1941 seinen Hut nehmen mußte, wurde es auch

dem letzten Australier klar, daß die Prioritäten Australiens und Englands im Kriege nicht die gleichen waren. Menzies' Nachfolger, der Führer der Labor Party John Curtin, mußte versuchen, das Land gegen die von Japan ausgehende Gefahr absichern.

Der japanische Überfall auf Pearl Harbor im Dezember 1941 und der Blitzkrieg in Südostasien zog mit den USA und Großbritannien auch Australien in den eigentlich schon 1937 mit dem japanischen Überfall auf China begonnenen Pazifischen Krieg hinein. Der australische Erdteil wurde strategisch bedeutsam, weil die Amerikaner mit ihm nach dem Verlust der Philippinen eine Aufmarschbasis und ein Sprungbrett zur Rückeroberung der südostasiatischen und pazifischen Besitzungen besaßen. Da vom Mutterland zu der Zeit keine ins Gewicht fallende Hilfe zu erwarten war, richteten sich alle australischen Hoffnungen auf die USA. Der australische Premierminister Curtin scheute sich nicht, dies am 27. Dezember 1941 in einer Rundfunkrede seinen Landsleuten unumwunden mitzuteilen und damit gleichzeitig an die Hilfsbereitschaft der USA zu appellieren.

Der von Curtin angedeutete Wunsch nach einer Einbeziehung australischer Militärs in Planung und Lenkung der amerikanischen Kriegsführung war allerdings in den Wind gesprochen. Die Strategie und die Leitung der Operationen von australischem Boden aus blieben, von Versorgungs- und Nachschubfragen abgesehen, eine rein amerikanische Angelegenheit. Die geplante japanische Invasion im Süden von Neuguinea und damit eine direkte Bedrohung des australischen Kontinents wurde durch die See- und Luftschlacht im Korallenmeer Anfang Mai 1942 abgewehrt. Direkte militärische Aktionen der Japaner gegen Australien beschränkten sich auf Luftangriffe gegen Darwin und einige andere Orte im Northern Territory. Der japanische Versuch, mit speziellen kleinen U-Booten in den Hafen von Sydney einzudringen, wurde vereitelt.

Obgleich von den beiden großen angelsächsischen Mächten im Pazifischen Krieg als einsatzbereiter und tapferer Bündnispartner in einer günstigen geographischen Lage hochgeschätzt, blieb Australien doch im zweiten Glied stehen. Um nicht auch bei den zu erwartenden Friedensverhandlungen hintangestellt zu werden, schloß Australien mit Neuseeland, das sich in ähnlicher Lage befand, 1944 den sog. ANZAC-Pakt, der der gegenseitigen Unter-

John Curtins Neujahrsbotschaft an das australische Volk am 27. 12. 1941

„Die australische Regierung blickt deshalb auf den Krieg im Pazifik in erster Linie als einen Kampf, in dem die Vereinigten Staaten und Australien die vollste Entscheidungsgewalt in der Strategie der Demokratien haben müssen. Ohne irgendwelche Hemmungen sage ich ganz klar, daß Australien nach Amerika blickt, frei von jedem Schmerz in Bezug auf unsere traditionellen Bindungen oder unsere Verwandtschaft mit dem Vereinigten Königreich [von Großbritannien]. Wir wissen von seiner ständigen Bedrohung durch eine Invasion. Wir wissen von den Gefahren einer Kräfteverzettelung, aber wir wissen auch, daß Australien verlorengehen und Britannien immer noch aushalten kann. Wir sind deshalb entschlossen, daß Australien nicht verloren gehen soll, und wir werden alle unsere Kräfte einsetzen, um zusammen mit den USA als Grundpfeiler einen Plan zu entwickeln, der unserem Lande genug Vertrauen gibt, so lange auszuhalten, bis die Schlacht sich gegen den Feind wendet."

Aus: Modern Australia in Documents. Bd. 2: 1939–1970. Melbourne 1973. S. 50 bis 52, hier S. 51. (Übers. J. H. V.)

stützung dienen sollte. Der Frieden kam am 8. Mai 1945 in Europa und am 15. August im asiatisch-pazifischen Raum. Aber er kam anders als erwartet: zwei Atombomben auf Japan beendeten ihn abrupt. Diese neue Dimension der Kriegsführung machte die Friedenssicherung zu einer existentiell bedeutsamen Angelegenheit.

Frieden und Kalter Krieg

Nach dem traumatischen Erlebnis der Bedrohung im Pazifischen Krieg ging es der australischen Regierung weniger um eine Kompensation in Form von Reparationen als vielmehr um größere Sicherheit. Den sich emanzipierenden, bislang kolonial abhängigen Völkern Asiens wollte man nicht länger als „menschenleerer Kontinent", wie Australien apostrophiert wurde, gegenüberstehen. Bevölkerungszunahme war die Antwort, und der Schlüssel dafür eine forcierte Einwanderung. Der Initiator einer neuen Einwanderungswelle war Arthur Calwell, der schon wenige Tage vor dem Ende des Pazifischen Krieges seine Überlegungen in die Öffentlichkeit trug. Als Minister for Immigration von 1945 bis

1949 propagierte und organisierte er das Einwanderungsprogramm der Labor-Regierung, das in seinen Grundzügen zwanzig Jahre lang Australiens Bevölkerungspolitik bestimmte.

Vielen Entwurzelten aus Europa konnte Australien eine neue Heimat bieten. Nach einem großzügigen Einwanderungsverfahren kamen bis 1949 etwa eine halbe Million Einwanderer, bis 1981 insgesamt 5,4 Millionen ins Land, von denen gut 2 Millionen im Rahmen staatlicher Förderprogramme einwanderten. Allerdings schlüpfte auch mancher mit schmutzigen Händen durch das relativ grobmaschige Netz der Einwanderungsbehörden.

Der Beginn des Kalten Krieges, die Stärkung kommunistischer Bewegungen in Asien und Europa, deren bedeutendster Sieg Mao Tse-tungs Machtübernahme 1949 in China war, schürten Ängste auch in Canberra, die zeitweise hysterische Formen annahmen. Die mehr eingebildete als wirkliche „kommunistische Gefahr" bewirkte in Canberra einen Machtwechsel: die Labor Party mußte 1949 einer Koalition von Liberalen und Country Party unter Robert Menzies weichen, der einen Wahlkampf gegen die „fremde und tödliche Ausbreitung des Sozialismus" führte. Mit Menzies' Abgang 1966 war die konservative Ära noch nicht zu Ende; sie dauerte bis 1972. Australien erwies sich als getreuer Bündnispartner der USA – mit denen es 1951 zusammen mit New Zealand den ANZUS-Pakt geschlossen hatte –, zuerst in Korea, dann in Vietnam. Vier Tage nach Ausbruch des Koreakrieges, in dem die USA dem Süden des geteilten Landes zu Hilfe kam, entsandte Australien zwei Kriegsschiffe, bald auch ein Geschwader seiner Luftwaffe und schießlich drei Bataillone Landtruppen zum Kampf gegen das kommunistische Nordkorea. 1951 wurde die Wehrpflicht eingeführt, die erst am Ende des Vietnamkrieges 1972 wieder abgeschafft wurde. Als Mitglied der South East Asia Treaty Organisation (SEATO) reihte Australien sich in die antikommunistische Front der amerikanischen Eindämmungsstrategie gegen die befürchtete Ausbreitung des Kommunismus in Südostasien ein. So folgte es auch dem wachsenden Engagement der Amerikaner in Vietnam mit einem auf 8000 Mann anwachsenden Truppenaufgebot. „All the Way with LBJ" hatte Premierminister Harold Holt dem amerikanischen Präsidenten Lyndon B. Johnson, bei dessen Besuch in Australien laut gelobt. Holts Nachfolger John Gorton, ein in Luftkämpfen des Zweiten Weltkriegs erprobter und gezeichneter Flieger, hielt während des Vietnamkriegs sein Land als Bündnispartner an der Seite der USA. Diese Nibelungentreue kostete Australien den Verlust von fast 500 Gefallenen und über 2400 Verwundeten. Wie die geschlagenen US-Amerikaner machten auch die Australier eine schmerzliche Ernüchterungsphase durch.

Jüngste Entwicklungen

Die überfällige Neuorientierung begann mit dem Sieg der Labor Party unter Gough Whitlam Anfang Dezember 1972. Obgleich Whitlam nur drei Jahre die Geschicke Australiens lenkte, markiert seine Regierung einen tiefen Einschnitt. Innenpolitisch folgte er dem Trend westlicher Länder, nämlich mit sozialer Gerechtigkeit und Chancengleichheit im Sozial- und Gesundheitswesen sowie in Erziehung und Bildung eine Immunität gegen kommunistische Anfälligkeiten zu schaffen. Außenpolitisch hatte er keinerlei Berührungsängste gegenüber kommunistischen Regimen. Wenige Wochen nach seinem Amtsantritt stellte er diplomatische Beziehungen zur Volksrepublik China, zu Nordvietnam und Nordkorea sowie zur DDR her.

Die Entlassung Papua-Neuguineas in die Unabhängigkeit 1975 war ein demonstrativer Schritt Australiens, koloniale Herrschaft und Bevormundung im südwestpazifischen Raum abzubauen. Es erwies sich jedoch als großer Fehler, daß die australische Regierung zur gleichen Zeit die indonesische Führung zur Einverleibung der portugiesischen Kolonie Ost-Timor ermutigte.

Whitlam stürzte 1975 durch den „legalen Coup" des von ihm kurz zuvor eingesetzten Generalgouverneurs John Kerr, der in Vertretung der Königin alle Rechte wahrzunehmen hatte. Im Zuge einer Gesetzesblockierung im Parlament sah sich Whitlam plötzlich vor die Tür gesetzt, als der Generalgouverneur nicht nur die vom Premierminister gewünschte „doppelte Auflösung" des Parlaments (Senat und Repräsentantenhaus) einleitete und Neuwahlen ansetzte, sondern die Führung einer Übergangsregierung in die Hand des liberal-konservativen Oppositionsführers Malcolm Fraser legte.

Generalgouverneur Kerr hatte die Stimmung im Volk richtig eingeschätzt: es war der „überstürzten" Reformpolitik Whitlams überdrüssig geworden und suchte den Weg zurück nach stilleren Ufern liberal-konservativer Beschaulichkeit. Mit großer Mehrheit gewählt konnte Fraser denn auch das Amt des Premierministers antreten und es bis 1983 behaupten. Innenpolitisch wurde ein Sparkurs gefahren; außenpolitisch gab es keine Kursänderung.

Der als Politiker auch im Bürgertum geschätzte Führer der Labor Party Robert Hawke, der sich seine Sporen als geschickter Vorsitzender der gewerkschaftlichen Dachorganisation ACTU verdient hatte, führte seine Partei in den Wahlen am 5. März 1983 zum Siege. Zusammen mit seinem versierten Finanzminister und Nachfolger Paul Keating bescherte er Labor eine 13jährige Regierungszeit.

Außen- und handelspolitisch öffnete Australien sich den infolge überhitzter Konjunktur aufblühenden Ländern Ost- und Südostasiens, wo es neue Absatzmärkte als Ersatz für den nach Europa abdriftenden britischen Handelspartner suchte und auch fand. Rahmen der außenwirtschaftlichen Neuorientierung wurde die von Hawke konzipierte Zusammenarbeit unter dem Dach einer *Asia-Pacific Economic Cooperation* (APEC).

Paul Keating behielt nach dem Amtswechsel 1991 nicht nur den alten Kurs bei, sondern übte sich in einer demonstrativen Abkehr vom Empire. Während seine Frau den obligatorischen Hofknicks beim Besuch der englischen Königin in Australien unterließ, scheute er sich selbst nicht, die Hand an die Taille Ihrer Majestät zu legen, als diese zu stolpern im Begriff war. Solche nach der traditionellen Etikette unverzeihlichen Ausrutscher gaben dem Ruf nach einer Republik ein populäres Echo in den Medien.

Die Abwahl von Labor und Keating durch eine rechtsgerichtete Koalition von Liberalen und Nationalen mit John Howard an der Spitze am 2. März 1996 setzte neue politische und gesellschaftliche Prioritäten, zumal angesichts der wirtschaftlichen Krise in Südost- und Ostasien die von dort ausgehenden neuen wirtschaftlichen Anregungen nicht mehr als Allheilmittel angesehen wurden.

Noch immer fällt es manchem Australier schwer, sich in die durch Raum und Pragmatik gebotene Umorientierung zu fügen. Die „neue Nähe" zu Asien, aber auch die „Wiedergutmachung" gegenüber den Aborigines brachte die unabhängige Politikerin Pauline Hanson im Schatten des Rechtsrutsches unter Howard zu

*Die Premierminister Gough Whitlam, Malcolm Fraser
und Robert (Bob) Hawke*

einem rassistischen Ausfall, der die australische Politik und Öffentlichkeit erbeben ließ und lange in Atem hielt. Hanson behauptete, die Aborigines seien die am meisten bevorzugte Gesell-
schaftsgruppe des Landes, deren Privilegien abgebaut werden
müßten. Hanson sah auch in der Einwanderung von Asiaten eine
Gefahr für Australien. Mit ihrer One Nation Party errang sie
1997 in Queensland einen beachtlichen Erfolg, erlebte aber im
Jahr darauf gesamtaustralisch ihr Waterloo: sie konnte 1998 keinen einzigen Abgeordnetensitz im Repräsentantenhaus für ihre
Partei gewinnen.

Die Regierung Howard war von Anfang an bemüht, das De-
fizit des Staatshaushalts zu reduzieren. Bei Gesamtausgaben
von 135,8 Mrd. australischer Dollar waren im Haushalt 1996/97
Kürzungen in Höhe von 2,9 Mrd. vorgenommen worden, so daß
eine Verschuldung von etwa 5 Mrd. blieb, die die Hälfte des
vorhergehenden Rechnungsjahres ausmachte. Nicht zuletzt aus
Kostengründen und zwecks Reduzierung der Arbeitslosigkeit
hatte die Regierung schon 1996/97 die Einwanderungsquote um
10,8% gegenüber dem Vorjahr gesenkt, ein weiteres Mal für
das folgende Jahr, so daß 1997/98 nur 68000 Einwanderer ins
Land gelassen wurden. Um sich der Zustimmung des Volkes zu
seinen umstrittenen finanzpolitischen Maßnahmen – z.B. einer
goods and services tax – in einer Phase wirtschaftlicher Rezession
zu versichern, setzte Howard zum 3. Oktober 1998 Neuwahlen
an, aus denen er trotz einiger Stimmenverluste als Sieger hervor-
ging.

Die Ost-Timor-Krise beschädigte das bisherige, über die Jahre gepflegte gute Verhältnis zum größten Nachbarn. Die Atomtests von Indien und Pakistan rückten die Gefahren einer Proliferation in der asiatischen Nachbarschaft ins Bild. Die Republik-Idee, deren Verwirklichung zur 100-Jahrfeier des Australischen Commonwealth am 1. Januar 2001 anvisiert wurde, war nach dem Erdrutsch-Sieg der konservativen Liberalen unter Howard am 2. März 1996 nicht sofort begraben worden. Es wurden die Weichen für einen Volksentscheid gestellt, auch wenn der Premierminister öffentlich bekannte, kein „Republikaner" zu sein. Dieses Referendum fand am 6. November 1999 statt. Die Mehrheit der Australier entschied für die Beibehaltung der konstitutionellen Monarchie. Warum sollten sie etwas abschaffen, was zahnlos ist und mit gepuderten Perücken keinem mehr was zu Leide tut? Toleranz ist eben auch ein Wesenszug der Australier.

Die Hauptstadt Canberra: Im Vordergrund das War Memorial, am anderen Ufer des Lake Burley Griffin das alte und dahinter das neue Parlamentsgebäude

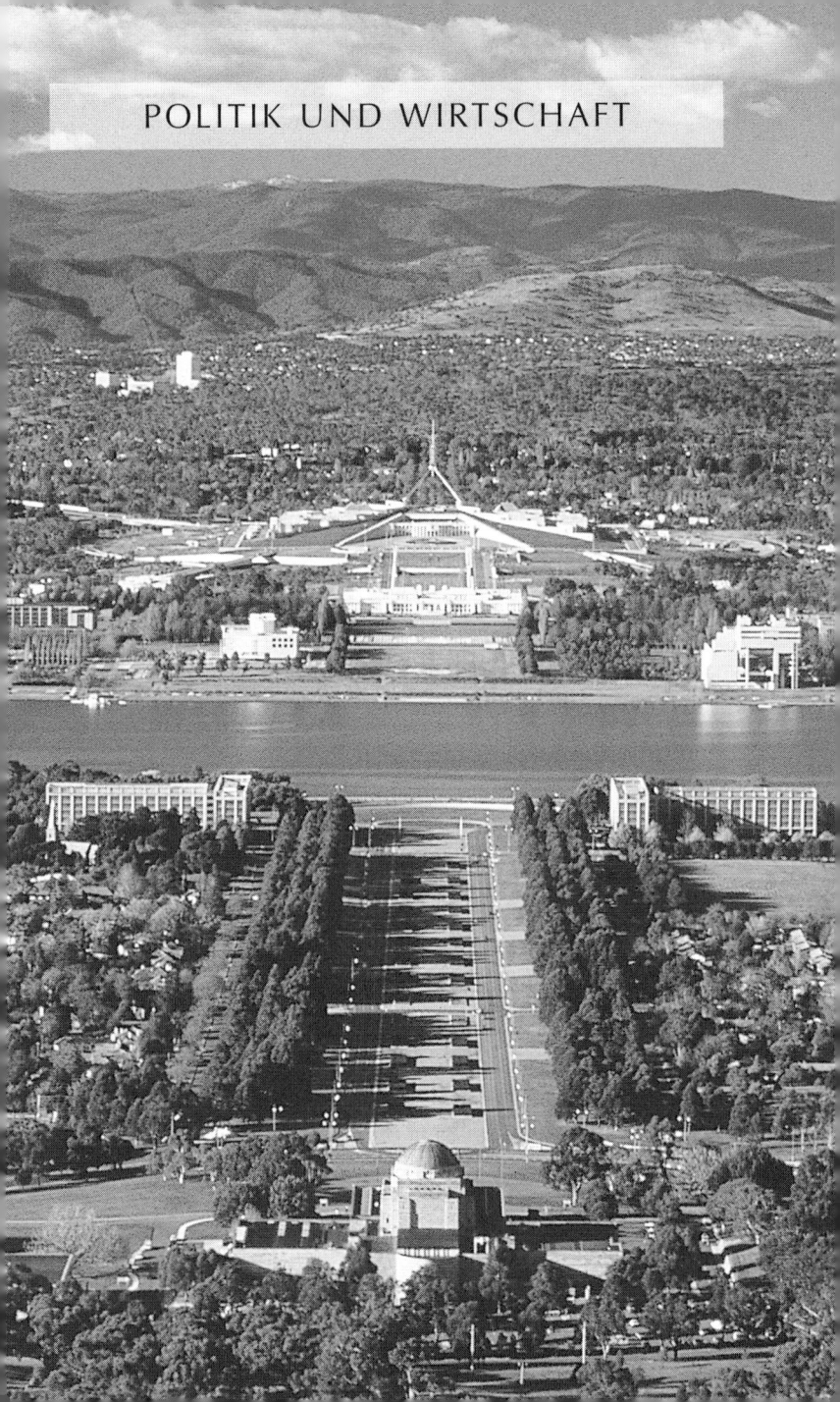

Staat, Politik und Recht

> „Es ist für unser Denken charakteristisch, daß wir dabei sind, ein
> Parlamentsgebäude zu errichten, das sich in einen Berg hinein-
> bohrt und über das man hinweg gehen kann, statt daß es sich
> großartig auf ihm erhebt. Nichts könnte besser den Geist Austra-
> liens beschreiben."
>
> John A. Passmore: The Limits of Government, 1981.
> (Übers. J. H. V.)

Bundesverfassung und Bundesregierung

Australien ist eine konstitutionelle Monarchie, deren Staats-
oberhaupt Elisabeth II. als Königin von Australien ist. Ihr
Stellvertreter ist der in Canberra residierende Generalgouverneur.
Die Verfassunggebung des Commonwealth of Australia gegen
Ende des 19. Jahrhunderts war nicht das Ergebnis einer Volks-
erhebung, sondern eine Sache der Regierenden und Politiker,
auch wenn die Öffentlichkeit stark beeindruckt war, nachdem der
Premier von New South Wales Henry Parkes mit seiner Rede in
Tenterfield im Oktober 1889 (s. S. 70) den Anstoß zur Einigung
vor „versammeltem Volk" gegeben hatte.

In drei verfassunggebenden Versammlungen (*Conventions*)
1891, 1893 und 1898 wurde eine Verfassung nach den Mustern
des Mutterlandes, der USA und Kanadas entworfen. Der neue
Bundesstaat blieb in seinem Wesen monarchistisch. Britischem
Vorbild folgend blieb vieles ungesagt und entwickelte sich nach
englischen und schließlich australischen Konventionen.

Das australische Parlament besteht aus zwei Kammern, dem
House of Representatives (Unterhaus) und dem *Senate* (Ober-
haus). Die Mitglieder des *House of Representatives* werden in
Wahlkreisen, die in etwa eine gleich große Bevölkerungszahl haben, für eine Periode von maximal drei Jahren gewählt, und zwar
nach dem sog. Präferenzwahlsystem (*preferential voting system*).
Ins *House of Representatives* werden von allen Staaten 148 Abgeordnete gewählt, davon kommen die meisten aus New South
Wales (50) und nur einer aus dem Northern Territory. Die Senatoren hingegen werden für sechs Jahre je zur Hälfte alle drei
Jahre nach dem Verhältniswahlrecht (*proportional representa-*

tion) gewählt. Seit 1983 sitzen im Senat 76 Senatoren (jeder der 6 Staaten hat 12 Vertreter, das Northern Territory und das Australian Capital Territory je 2). Die Beteiligung an den Wahlen zum Parlament ist für jeden Australier eine Pflicht, der sich auch der letzte Mann im *Outback* nicht ohne Strafe entziehen kann.

Nach den Wahlen zum *House of Representatives* wird der Führer der stärksten Partei vom Generalgouverneur mit der Regierungsbildung beauftragt. Auf Vorschlag des Prime Minister ernennt der Generalgouverneur dann die Minister. Am Prime Minister liegt es, wie er sein Kabinett gestaltet. Er kann es, wie Menzies es handhabte, in ein „inneres" und ein „äußeres" teilen und somit die Entscheidungsfindung erleichtern und beschleunigen. Ein anderes System führte Whitlam 1973 ein, als er Kabinett-Komitees schuf, denen der ressortmäßig zuständige Minister angehörte. Sein Nachfolger Fraser stützte sich 1980 auf zehn solcher *Standing Cabinet Committees*.

Die verfassungsmäßige Verbindung zum Mutterland ist durch eine Reihe von Entwicklungen längst substanzlos geworden. So wurde 1931 zum ersten Mal ein Australier (Sir Isaac Alfred Isaacs) Generalgouverneur, und seit 1965 wurde dies mit der Berufung von Lord Casey die Regel. Doch die geschriebene Verfassung enthält weiterhin antiquierte Bestimmungen. So darf der Generalgouverneur die Zustimmung zu Gesetzen, die vom Parlament angenommen wurden, zwei Jahre lang aufhalten, – *for the Queen's pleasure*, wie es in devot monarchietreuer Sprache heißt (Section 58). Desgleichen kann ein Gesetzesvorschlag, dem der Generalgouverneur bereits zugestimmt hat, zurückgewiesen werden (Section 59). Der *Colonial Laws Validity Act* von 1865, der dem britischen Parlament ein allgemeines Einspruchsrecht auf die australische Gesetzgebung gegeben hatte, wurde erst 1986 mit den *Australia Acts* außer Kraft gesetzt.

Die Verfassungskrise des Jahres 1975 erschütterte das konstitutionelle Gefüge wie keine andere zuvor oder danach. Daß Generalgouverneur Kerr die Initiative ergriff und Premierminister Whitlam entließ, als dieser um die „doppelte Auflösung" des Parlaments (also die Auflösung von Senat und Repräsentantenhaus) bitten wollte, und daß er gleichzeitig den Führer der Opposition mit der Übergangsregierung betraute, war zwar ein einmaliger Vorgang, widersprach aber nicht der geschriebenen Verfassung, sehr wohl jedoch den ungeschriebenen Gepflogenheiten. Als die Wogen hoch schlugen, wurde der Wunsch nach einer neuen Verfassung laut, ein anderer nach Abschaffung des Senats; auch der Ruf nach einer Republik ertönte.

In der Tat waren die britischen Einflußmöglichkeiten über die Jahre außerordentlich geschrumpft. 1973 wurde der Titel der Monarchin von Australien aus gesehen beschränkt, als nach dem *Royal Style and Titles Act* Elisabeth II. in Australien nur noch als „*Queen of Australia and Her Other Realms and Territories, Head of the Commonwealth*" tituliert wird. Durch Volksentscheid gab Australien sich 1984 die neue Nationalhymne „*Advance Australia Fair*", nachdem die lange populäre inoffizielle Hymne „*Waltzing Matilda*" verworfen worden war. „*God save the Queen*" wurde fortan nur noch in Gegenwart der Königin intoniert.

Die „allgemeine" australische Nationalhymne seit 1984

Australians all let us rejoice,
For we are young and free,
We've golden soil and wealth for toil;
Our home is girt by sea;
Our land abounds in nature's gifts
Of beauty rich and rare,
In history's page, let every stage
Advance Australia Fair.

In joyful strains then let us sing,
Advance Australia Fair.
Beneath our radiant Southern Cross
We'll toil with hearts and hands;
To make this Commonwealth of ours
Renowned of all the lands;
For those who have come across the seas
We've boundless plains to share;
With courage let us all combine
To Advance Australia Fair.
In joyful strains then let us sing,
Advance Australia Fair.

Aus: 1997 Year Book Australia. Hg. von W. McLennon. Australian Statistician. Number 79. Canberra 1997.

Da ein beachtlicher Teil der Bevölkerung offensichtlich die Abschaffung der Monarchie wünscht, wurde zum 1. Februar 1998 in Canberra eine Verfassungsversammlung von 152 je zur Hälfte gewählten und ernannten Vertretern gesellschaftlicher Gruppen einberufen, um eine Verfassungsänderung verbunden mit der Frage des Staatsoberhauptes zu diskutieren. Der von dieser Versammlung für den 6. November 1999 angesetzte Volksentscheid erteilte jedoch der Republikidee eine eindeutige Absage.

Trotz Frauenbewegung seit den 70er Jahren ist der Anteil der politisch engagierten und als Abgeordnete ins Parlament gewählten Frauen gering geblieben. Ein Grund dafür mag die anderthalb Jahrhunderte währende, besonders starke und im gesellschaftlichen Leben betonte Dominanz der Männer gewesen sein, die sich in der Verherrlichung „männlicher" Tugenden wie Härte, Ausdauer, Mut usw. äußerte und seit der Pionierzeit die „Volkskultur" prägte. Frauen mußten die „Domänen der Männlichkeit" erst durchbrechen und die Vorurteile ad absurdum führen, um auch die Bastionen politischer Macht zu erobern.

Grundzüge der Gesetzgebung

Eingeleitet wird eine Gesetzgebung durch eine Vorlage (*bill*) im *House of Representatives* in einer ersten Lesung, die ohne Debatte erfolgt. Erst in einer zweiten Lesung wird debattiert und gegebenenfalls von einem Komitee einer detaillierten Prüfung unterzogen. In einer dritten Lesung werden Änderungsvorschläge (*amendments*) begründet. Hat der überarbeitete Text der Vorlage die Zustimmung der Mehrheit des Repräsentantenhauses gewonnen, so wird er an den Senat weitergeleitet, der ein Recht auf weitere Änderungsvorschläge hat, bevor der Text nach gründlicher Prüfung durch ein Komitee von ihm angenommen wird.

Der Senat ist mehr als „an old man's club", wie man ihn gerne apostrophiert! Da in ihm kleinste Parteien als Zünglein an der Waage einen überproportionalen Einfluß ausübten, wurde die Institution von *Standing Committees* 1970 im Senat und bald darauf auch im Repräsentantenhaus eingeführt, um so eine ständig wechselnde und unberechenbare Zusammensetzung zu vermeiden. Die Institution eines *Joint Committee*, dem Mitglieder beider

Häuser angehören, verleiht dem Gesetzgebungsverfahren einen gesicherten Ablauf.

Wenn eine Gesetzesvorlage zweimal dem Senat vorgelegt und zweimal von diesem abgelehnt wird, dann kann der Premierminister den Generalgouverneur um eine doppelte Auflösung bitten, um beide Häuser gleichzeitig neu wählen zu lassen. Es gab im Laufe der Jahre insgesamt sechs doppelte Auflösungen, bei den anschließenden Wahlen gewannen Regierungspartei und Oppositionspartei je dreimal.

Das föderale System des Australischen Commonwealth

Schon 1842 war eine Repräsentativ-Verfassung in New South Wales eingeführt worden; aber den Weg zur Mitregierung aller Kolonien eröffnete erst der *Australian Colonies' Government Act,* den das englische Parlament 1850 als Gesetz verkündete. Damit konnten sich alle Kolonien (außer Western Australia) eigene Verfassungen geben, die zwischen 1855 und 1857 in Kraft traten. Queensland, das sich 1859 von New South Wales abspaltete, folgte in jenem Jahr, Western Australia 1890, das Northern Territory erst 1978 und das Australian Capital Territory 1989.

Das Verhältnis zwischen dem Gesamtstaat und den Einzelstaaten ist höchst kompliziert. Viele Angelegenheiten müssen in jährlichen Treffen (*Premiers' Conferences*) zwischen dem Prime Minister des Commonwealth und den Premiers der Einzelstaaten wie auch den jeweiligen Ressortministern in Verhandlungen entschieden werden. Die Finanzen sind ein „wunder Punkt", der immer wieder zu Reibungen führt und große Kompromißbereitschaft der Minister auf beiden Ebenen erforderlich macht. Neue Probleme wie Umweltverschmutzung, Naturschutz etc. führten stets zu einer Stärkung gesamtaustralischer Befugnisse, ein Trend, der sich in letzter Zeit auch in den Bereichen Erziehung, Gesundheitswesen und innere Sicherheit bemerkbar macht.

Politische Parteien

Vor allem fünf Parteien bestimmen das politische Leben des Bundesstaates. Die sog. Greenies haben bislang keine starke Zugkraft entwickelt.

Australian Labor Party (ALP)

Die Australian Labor Party wurde schon 1891 gegründet. Sie übernahm zwar radikale und sozialistische Ideen, die aber viel zu stark mit anderen und pragmatischen Zielsetzungen verbunden wurden, als daß daraus eine „ideologische" Geschlossenheit erwachsen konnte.

Die ALP machte eine bewegte Geschichte durch, gekennzeichnet durch Streitigkeiten und Spaltungen, so 1916/17 wegen der Frage der Wehrpflicht und 1955 wegen der Stellung zu Kommunismus und Katholizismus. Die Verstaatlichung der Industrie, wie sie noch 1921 auf der nationalen Parteikonferenz bekräftigt wurde, ist heute kein Ziel der Partei mehr; sie wurde 1981 lediglich als „democratic socialisation" angeführt – als Trostpflaster für Forderungen extremer Randgruppen. Das hervorstechende Merkmal von Labor war und ist bis heute die enge Verbindung zur Gewerkschaftsbewegung.

Liberal Party of Australia

Die Liberale Partei ist in ihrem Kern eine konservative Partei. Sie wurde im Kriegsjahr 1944 mit dem Slogan „*Looking forward*" von Robert Menzies aus 14 diversen Gruppen, darunter die United Australia Party, ins Leben gerufen. Ihre Klientel setzte sich hauptsächlich aus einer breiten Mittelschicht mit Einsprengseln aus der Arbeiterklasse zusammen; dennoch ist der Einfluß der Unternehmerseite am größten. Sie steht loyal zur Krone.

Menzies gewann die Wahlen 1949 für seine neue Partei und blieb in fünf Wahlperioden bis 1966 Prime Minister, gefolgt von Harold Holt, John Gorton und William McMahon. Nach drei Jahren Unterbrechung durch Whitlams Regierung übernahm Malcolm Fraser 1975 als Parteiführer wiederum für die Liberalen die Regierung, die er bis 1983 leitete. Nach dreizehnjähriger Unterbrechung stellen die Liberalen in Koalition mit der National Party seit 1996 unter John Howard wieder die Regierung.

National (Country) Party

Diese Partei entwickelte sich aus der Progressive Party, die von Farmern und Viehzüchtern als Reaktion auf die veränderte Wirtschaftslage nach dem Ersten Weltkrieg gegründet worden war. 1920 nahm sie den Namen Australian Country Party an, taufte sich 1975 in National Country Party of Australia um und ließ 1982 den Begriff „Country" fallen. Als Koalitionspartner der Liberal Party setzen sich die „Nationalen" für die Belange der Privatindustrie ein, ziehen aber noch vehementer als jene gegen alles, was auf Sozialismus und Kommunismus hinweist, zu Felde.

Australian Democrats
Die Australian Democrats sind eine relativ junge Partei, die erst 1977 aus einer Reihe von Splitterparteien zusammengefügt wurde, und zwar von Donald Chipp, einem langjährigen, am Ende frustrierten Abgeordneten und Minister aus den Reihen der Liberalen. Chipp wollte erreichen, daß die gewählten Parteien ihre Wahlversprechen in der Regierung einhielten. Die Partei stellte eine Reihe von Senatoren, die seit Anfang der 80er Jahre als Zünglein an der Waage einen weit über ihr tatsächliches Gewicht hinausgehenden Einfluß auf die Politik ausübten. Chipp wurde 1986 in der Parteiführung von Janine Haines abgelöst, die damit als erste Frau einer australischen Partei vorstand. 1990 folgte ihr Chery Kernot.

Democratic Labor Party
Die DLP war ein Kind des Kalten Krieges. Sie scherte 1957 unter R. Joshua aus der Australian Labor Party aus, weil sie in ihr eine zu große Nähe zum Kommunismus wahrzunehmen glaubte. Diese Befürchtungen wurden von der katholischen sozialen Bewegung geteilt, so daß die Abtrünnigen der ALP zahlreiche katholische Wählerstimmen wegnehmen konnten. Mit der Wieder-

---

Die Sitzverteilung im House of Representatives nach den Wahlen 1990, 1996 und 1998

Parteien	1990	1996	1998
Australian Labor Party	78	49	67
Liberal Party	55	75	64
National Party	14	18	16
Independent	1	5	1

Quellen: The Book of Australia. Almanac 1997–98. Sydney 1997, S. 244. Archiv der Gegenwart (8. 7. 1998).

---

erstarkung der ALP unter Whitlam verlor die DLP an Terrain, gab 1978 ihre australienweiten Ambitionen auf und gewann seitdem keinen Sitz mehr im Parlament.

Das Rechtswesen

Recht, Gerichtswesen und Rechtsprechung basieren auf dem englischen *Common Law* und sind in ihrer Entwicklung weitgehend vom englischen Rechtsdenken beeinflußt. Als höchstes Gericht für Straf- und Zivilprozesse in New South Wales wurde 1823 der *Supreme Court* geschaffen, und im Laufe der Jahre wurden in allen Kolonien *Supreme Courts* eingerichtet. *Trial by Jury,* also das Schwurgerichtsverfahren, bestimmt das Prozeßwesen in New South Wales seit 1830, später auch in den anderen Kolonien und Territories.

Mit der Gründung des Commonwealth of Australia im Jahre 1901 wurde ein oberster Gerichtshof für ganz Australien geschaffen: der *High Court of Australia,* dem das *Privy Council* in London ebenso wie die weiterbestehenden *Supreme Courts* in den Staaten wichtige Kompetenzen abtraten.

Dem *Chief Justice* als oberstem Richter sollen nach der Verfassung mindestens zwei Richter zur Seite stehen; gegenwärtig sind es sechs. Die Rechtsprechung des *High Court* bezieht sich unter anderem auf Streitfälle zwischen den Staaten, aber auch zwischen Staat und Einzelperson. Überdies ist er nunmehr die alleinige Appellationsinstanz für Entscheidungen der *Supreme Courts,* des *Family Court of Australia* sowie des *Federal Court of Australia.* Der *Family Court* begann seine Arbeit ebenfalls 1976 und dient vor allem dem Schutz von Müttern und Kindern.

Die australische Verfassung ist ohne Kodifizierung der Grundrechte geblieben. Sie wäre mit der *White Australia Policy* auch nicht vereinbar gewesen. Es gab eine Reihe von vergeblichen Versuchen, diese Lücke zu schließen, zuletzt 1988 durch einen Volksentscheid über eine „kleine Lösung", sozusagen eine *Bill of Rights* in Miniaturausgabe.

Außen- und Sicherheitspolitik

Außenpolitische Eigenständigkeit

„Ohne irgendwelche Hemmungen sage ich klar, daß Australien nach Amerika blickt, frei von allen Gewissensbissen hinsichtlich unserer traditionellen verwandtschaftlichen Beziehungen zum Vereinigten Königreich."

Prime Minister John Curtin, 27. 12. 1941. (Übers. J. H. V.)

„Nähe bedeutet in internationalen Beziehungen alles, genauso wie in Liebesbeziehungen."

William H. Caldwell, 1982. (Übers. J. H. V.)

Die alte weltumspannende Verbindung mit dem britischen Vereinigten Königreich und seinem Commonwealth bzw. dem Empire hat heutzutage in der australischen Außen- und Verteidigungspolitik keinerlei ins Gewicht fallende Bedeutung mehr. Die Abkoppelung vollzog sich über die Jahrzehnte. Eigene Auslandsvertretungen wurden 1940 zuerst in Washington, Ottawa, Tokio und 1941 in Chungking geschaffen.

Erst nach dem Zweiten Weltkrieg nahm Australien mit verschiedenen Staaten diplomatische Beziehungen auf und wurde Gründungsmitglied der UNO, nachdem es bereits im Völkerbund vertreten gewesen war.

Die durch die japanische Aggressionspolitik unterbrochenen Beziehungen zum ostasiatischen Inselreich wurden während des Koreakrieges wieder angeknüpft. Trotz Bedenken gegen eine japanische Wiederbewaffnung unterzeichnete Australien 1951 auf amerikanisches Drängen hin einen Friedensvertrag mit Japan, und im Jahr darauf wurden Botschafter ausgetauscht. Die USA honorierten das australische und neuseeländische Entgegenkommen mit dem ANZUS-Vertrag im September 1951, der amerikanischen Beistand im Falle einer feindlichen Aggression versprach. In Berlin unterhielt Australien seit Ende 1945 eine Militärmission, die de facto schon lange das Zeitliche gesegnet hatte, als sie 1976 im Adressbuch gelöscht wurde. Eine seit 1950 bestehende Vertretung in Bonn wurde 1952 in den Rang einer Botschaft erhoben. Zwanzig Jahre später wurden mit der DDR diplomatische Beziehungen angeknüpft. Das Vietnamdebakel bewog Premierminister Whitlam kurz nach seinem Amtsantritt 1972, die Volksrepublik China anzuerkennen. Gegenwärtig unterhält Australien mit den meisten Staaten der Welt diplomatische Beziehungen.

Australien pflegt besonders enge Beziehungen zu den Staaten, die zur *Association of South East Asian Nations* (ASEAN) gehören, indem es mit diesen als ein sogenannter ASEAN-Plus-Staat eine Partnerschaft einging, die sich in einer Teilnahme australischer Minister an den jährlichen Treffen äußert und somit eine australische Einflußnahme sichert.

Seine äußere Sicherheit sucht Australien in einem guten Verhältnis zu den USA, seine wirtschaftliche zwar auch dort, aber ebenso in engen Beziehungen zu seinen nördlichen Nachbarländern in Südost- und Ostasien. Es sieht sich überdies als Schutzmacht und Sprecher der „jungen" unabhängigen Nationen im südwestlichen Pazifik, wie Papua-New Guinea und Fiji. Daß dies auch zu Fehlentwicklungen führen kann, zeigt das Beispiel der Ost-Timor-Krise. Das diktatorische Regime Indonesiens konnte sich bei der Übernahme des portugiesisch verwalteten Ost-Timor sogar seitens der australischen Regierung ermutigt glauben. Das lange „offizielle" Schweigen Australiens zur indonesischen Gewaltpolitik in Ost-Timor war nichts anderes als eine Politik des *appeasement,* die in Jakarta als Zustimmung gedeutet wurde. Premierminister Keating schloß noch am 18. Dezember 1995 einen geheimen Sicherheitspakt mit dem indonesischen Diktator Suharto ab. Inzwischen hat sich der Nebel gelichtet und alle Welt verurteilt Indonesiens Militär und Regierung wegen der früheren Gewaltpolitik. Australien wird nunmehr eine Vorreiterrolle bei der Lösung der Ost-Timor-Frage im Ramen der Vereinten Nationen zuerkannt.

Geht es in den Beziehungen zu Indonesien um ein gutes Verhältnis zum nächsten Nachbarn, so in denen zu Japan in erster Linie um gesicherte Wirtschaftsbeziehungen. Der am 16. Juni 1976 mit Japan abgeschlossene *Basic Treaty of Friendship and Cooperation* gewährt Japanern und japanischen Unternehmen die Meistbegünstigung im Handel. Mit APEC erhofft Australien sich wirtschaftliche, mit ASEAN größere militärische Sicherheit.

Verteidigungspolitische Gewichtungen

Australien sieht sich für einen Sicherheitsbereich über das unmittelbare Staatsgebiet hinaus verantwortlich. Zu dem Raum von etwa 7000 km in Ost-West- und 5000 km in Nord-Süd-Richtung gehören Neuseeland, Papua-Neuguinea sowie einige benachbarte Länder des südwestlichen Pazifik.

1996 hatte Australien alles in allem 106 460 Mann (genau: Männer und Frauen) an militärischem Personal, wobei die Frauen in der Armee mehr als 11 % ausmachten. Unter den Kadetten der Defence Force Academy in Canberra waren es sogar 23 % Frauen. Die Labor-Politikerin Roslyn Joan Kelly wurde 1987–89 wegen des wachsenden Frauenanteils in den Streitkräften zum *Minister of Defence and Personnel* ernannt. Der australische Verteidigungshaushalt belief sich 1995/96 auf gut 10 Milliarden australische Dollar.

Australien hat mit mehreren Ländern Abkommen zwecks gegenseitiger Hilfeleistung abgeschlossen. Das existentiell wichtigste ist der ANZUS-Pakt, den Australien und Neuseeland 1951 mit den USA abgeschlossen hatten. Wie eine amerikanisch-australische Erklärung im Jahre 1996 unterstreicht, wird der ANZUS-Pakt als das Rückgrat der australischen Verteidigung angesehen. Bilaterale Verteidigungsverträge schloß Australien mit Neuseeland, Papua-Neuguinea und Indonesien ab.

Ein Relikt der Dekolonisation und des Kalten Krieges ist die Fünfmächte-Vereinbarung von 1971, auf Grund derer sich Australien, Neuseeland und das Vereinigte Königreich gemeinsam für die Sicherheit Malaysias und Singapurs einsetzen. In die Zukunft dagegen weisen multilaterale Absprachen mit den Nachbarländern. Dem 1994 zum ersten Mal zusammengetretenen ASEAN Regional Forum (ARF) gehören mittlerweile über 20 Länder an. In Gesprächen werden Probleme zwischen den einzelnen Ländern diskutiert, um etwaige Konflikte zu entschärfen.

Nach der Neuformulierung der strategischen Interessen Australiens im Dezember 1997 wird die Verteidigungspolitik von zwei Faktoren abhängig gemacht: vom wirtschaftlichen Wachstum in Ostasien und vom Verhältnis der militärischen Stärke der Staaten in jener Region zueinander. Nicht nur soll ein destabilisierender Rüstungswettlauf im asiatisch-pazifischen Raum verhindert wer-

den, es soll sich auch keine dominierende Macht oder Mächte-
gruppe in der Region herausbilden, deren Interessen denen
Australiens feindlich entgegenstehen. Australien hat das alte britische Prinzip einer „balance of power" in Europa nunmehr
als Prinzip seiner Sicherheit in der asiatisch-pazifischen Region
entdeckt.

Atompolitik

Im Februar 1946 erklärte sich die australische Regierung
grundsätzlich bereit, „unbewohnte Gebiete", d. h. wüstenähnliche
Räume des Kontinents für Atombombentests zur Verfügung zu
stellen. Die damalige Unbekümmertheit ist schon seit langem
einer Ablehnung gewichen. Arbeiten an einem Atomreaktor wurden wegen erwarteter Unrentabilität eingestellt. Australien ist bereits 1973 dem Vertrag über die Nichtverbreitung von Atomwaffen beigetreten. Wer in Australien Uran abbaut oder aufkauft,
muß sich verpflichten, es nicht für Atomwaffen zu verwenden.
1984/85 kam es zu Massendemonstrationen gegen die Verwendung von spaltbarem Material in Industrie und Verteidigung.

Seit Frankreich sein Atomwaffentestgebiet 1963 von der Sa-
hara in den südwestpazifischen Raum verlegte, hat Australien
wiederholt dessen Atombombenpolitik verurteilt. Regierung und
Öffentlichkeit protestierten 1995 gegen die französischen Atombombenversuche im Pazifik. Ab 1998 gaben die indischen und
pakistanischen Tests Anlaß zu Protesten.

Ganz im australischen Interesse war die Errichtung einer atom-
waffenfreien Zone im südpazifischen Raum 1986, für die sich
Canberra stark engagierte. Das gleiche gilt für ein entsprechendes
Abkommen in Südostasien 1995. Noch ist offen, wie weit die jet-
zige liberal-konservative Regierung die Vorgaben der Labor-Vor-
gängerin übernimmt. Die Australian Conservation Foundation
startete eine große Unterschriftenkampagne gegen den Ausbau
der Atomindustrie.

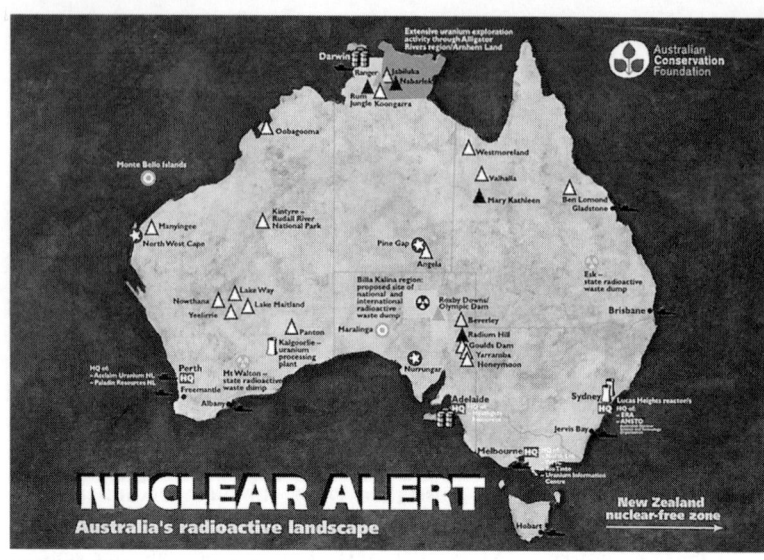

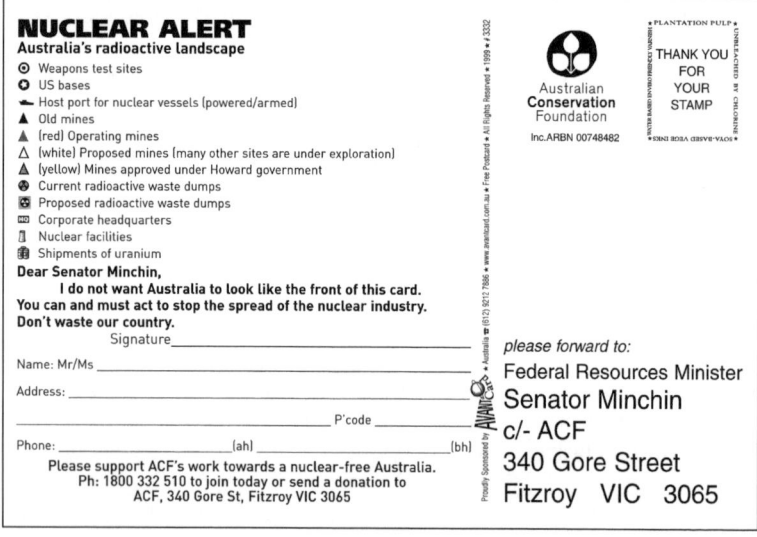

Bestehende und geplante Standorte der Atomindustrie.
Protestpostkarte der Australian Conservation Foundation, 1999

Wirtschaftliche und sozialpolitische Entwicklungen

Wie überall in der Welt beeinflußten Landschaften, Klima und Bodenschätze die Entwicklung der Wirtschaft. Aber im Gegensatz zu Europa zu Beginn des 19. Jahrhunderts, als dort die industrielle Revolution einsetzte, gab es auf dem Fünften Kontinent grundsätzlich andere Bedingungen: das Land war unbekannt und besaß keinerlei Infrastruktur.

Weil es natürlicherweise stets Wunsch und Ziel der Einwanderer war, im neuen Land denselben Lebensstandard wie in Europa zu erreichen, waren sie allzu bereit, den einfachsten Weg zu gehen und zu produzieren, was dorthin zu verkaufen war, nämlich Rohstoffe. Der Boden mußte schnell hergeben, was Industrie und Bevölkerung in England und anderswo verlangten. Zur Entwicklung einer eigenen Verarbeitung der Rohstoffe blieb keine Zeit.

Nicht nur Schafe – die Landwirtschaft

In den ersten Jahren nach ihrer Gründung wurde die Kolonie New South Wales sporadisch mit Lieferungen vom Mutterland und Empire unterstützt. Und schon bald beherrschte ein Tauschhandel das Wirtschaftsleben der jungen Kolonie. Mit Rum wurde das Lebensnotwendige gekauft oder die Vernunft betäubt.

Es war der aus dem Offizierskorps der Kolonie stammende John Macarthur, der zu Beginn des 19. Jahrhunderts mit der Schafzucht den Schlüssel zum wirtschaftlichen Aufschwung der Kolonie fand. Die Weiten Australiens eignen sich hervorragend für eine extensive Nutzung als Weideland. Der aus Mecklenburg stammende Friedrich Bracker demonstrierte mit der Zucht von Merinoschafen die großen Möglichkeiten der Wollproduktion. Da England in jener Phase seiner industriellen Revolution einen wachsenden Bedarf gerade an Wolle hatte, war die Abnahme gesichert. 1860 gab es in Australien gut 20 Millionen Schafe, auf einem ersten Höhepunkt im Jahre 1891 schon 106 Millionen.

Dürreperioden brachten Rückschläge; dennoch behauptete Wolle sich als das herausragende Exportprodukt auf dem Agrarsektor. Heute, da die Merinos 75 % der Schafherden ausmachen, steht Australien mit knapp 30 % der Weltproduktion an der Spitze

*Schafzucht ist auch heute noch eine der wichtigsten
Einnahmequellen Australiens*

aller wollproduzierenden Länder. Der australische Anteil am Wollhandel insgesamt liegt bei etwa 70 %. Das immer wiederkehrende und auch nicht von der *Australian Wool Corporation* endgültig gelöste Problem ist die Abhängigkeit von den Weltmarktpreisen. Der Schafbestand liegt zur Zeit bei etwa 150 Millionen. Seit geraumer Zeit wird kritisch auf die Einseitigkeit hingewiesen: „*Australia lives on the sheep's back*". Die Rinderhaltung spielte gegenüber der Schafzucht stets eine zweitrangige Rolle. Die Zahl der Rinder schwankte in den letzten Jahrzehnten zwischen 20 und 25 Millionen. Früher waren die britischen Inseln Hauptabnehmer, heute sind es die USA und Japan.

Der Ackerbau nahm einen weniger spektakulären Aufschwung, was zum einen mit der Bodenbeschaffenheit und der relativ geringen Niederschlagsmenge zusammenhängt, zum andern mit der Besiedlung und Nutzung des Landes. Der Bedarf der Bevölkerung in den Metropolen begünstigte den Anbau von Getreide, Gemüse und anderen Nahrungsmitteln auch dann, wenn die Böden sich als nur mäßig fruchtbar erwiesen.

Die großen Anbauflächen für Getreide, Obst und Wein liegen in den meeresnahen Randzonen von South Australia, Victoria, New South Wales und Queensland, während auf Tasmanien das Landesinnere hervorragende Anbauflächen bietet. Auch in Western Australia wurden weite Flächen unter den Pflug genommen; seine Getreideproduktion nimmt inzwischen die Spitzenposition unter den Staaten ein. Obst und Gemüse wurde schon bei Beginn der Besiedlung in den verschiedenen Kolonien in regenreichen Landstrichen und Küstennähe angebaut. Aber auch im Inland konnten Gebiete mithilfe künstlicher Bewässerung für den Anbau erschlossen werden.

Im Weinbau machten schon die ersten Siedler in New South Wales Versuche, so daß im Hunter Valley in den 30er Jahren des 19. Jahrhunderts ein erstes Weinbaugebiet entstand. Victoria folgte mit dem Weinbau bei Portland und Lilydale. In den 40er Jahren begannen deutsche Winzer im Barossa Valley, South Australia, Wein anzubauen. Heute wird Wein in allen Staaten Australiens produziert. Die Zahl der Winzer wird gegenwärtig auf 5000 geschätzt, die 1996 etwa 885 000 Tonnen Wein ernteten.

Erhebliche Bedeutung hat der Zuckerrohranbau, auch wenn er sich weitgehend auf Queensland beschränkt. Australien produziert jährlich etwa 25 Mio. Tonnen Zuckerrohr, aus dem 3,5 Mio. Tonnen Zucker gewonnen werden. Mit einem Export von 2,5 Mio. Tonnen steht Australien nach Kuba und Brasilien an dritter Stelle der Zucker-Ausfuhrländer.

Schätze im Boden

Im wahrsten Sinne des Wortes machen Australiens Bodenschätze den eigentlichen Reichtum des Kontinents aus: neben dem Gold die seit Beginn des 19. Jahrhunderts beim heutigen Newcastle abgebauten Kohlevorkommen, die Kupfervorkommen in Burra nördlich von Adelaide, die seit 1845 ausgebeutet werden, und dann das reichste Erzgebiet der Welt: die 1883 entdeckten Silber-, Blei- und Zinkerze in Broken Hill und im Jahre 1923 ausgemachten Erzlager von Mount Isa.

Die gesteigerte Nachfrage in beiden Weltkriegen erbrachte nicht viel mehr als einen kurzen Aufschwung im Erzabbau. Es dauerte nach dem Zweiten Weltkrieg ein Vierteljahrhundert, bis

Im Barossa Valley siedelten sich Mitte des 19. Jh. deutsche Winzer an.
Heute wird Wein aus Australien weltweit verkauft.

mit dem sog. *mineral boom* eine neue Ära in der australischen
Bergbaugeschichte begann. Der Aufschwung ist an den Export-
einkünften der Erze abzulesen (auch wenn der australische Dollar
in seinem Wert seit jener Zeit auf ein Viertel geschrumpft ist):
1950 wurden für 70 Mio. A$ Bergbauprodukte ausgeführt, 40
Jahre später für 28 Mrd. A$, was etwa das Hundertfache aus-
macht. Die Gesamtproduktion an Erzen, Kohle, Öl und Gas erbrachte im Jahre 1994/95 insgesamt 26,741 Mrd. A$. Gold trug
4,246 Mrd. A$ und Eisenerz 3,020 Mrd. A$ ein.

Die wichtigsten Erzgebiete liegen in Western Australia. Dort
wurden 1994/95 etwa 67% der Erze und 44% aller Bodenschätze gefördert. Das meiste australische Eisenerz stammt aus
der Region Pilbara, 1990/91 fast 97%. Japan nimmt Australien
mehr als die Hälfte der Fördermenge ab. Wichtiger Exportartikel
wurde in den letzten Jahren das zur Aluminiumgewinnung
benötigte Bauxit; Australien erbringt 37% der Weltproduktion.

Auch nach dem „Goldrausch" um die Mitte des 19. Jahrhunderts in Victoria und nach den großen Goldfunden am Ende des

19. Jahrhunderts in Kalgoorlie und Coolgardie, Western Australia, erloschen weder Abenteuerlust noch kommerzielles Interesse an der Goldsuche ganz. 1995 wurden größere Goldvorkommen im Nordwesten von South Australia entdeckt, deren Förderung sich in den nächsten Jahren auszahlen dürfte. Die Goldproduktion wurde für das Jahr 1996/97 auf knapp 340 Tonnen geschätzt.

Australien ist der Welt größte Exporteur von Opalen. Die Fundorte Lightning Ridge in New South Wales und Coober Pedy in South Australia üben eine starke, auch touristische Anziehungskraft aus. Die neuen, erst um 1980 entdeckten Diamantfelder im Nordwesten des Kontinents gehören zu den ertragreichsten der Erde.

Reiche Energiequellen ergänzen die Erzförderung. 1993 wurden etwa 180 Mio. Tonnen Kohle abgebaut, teils im Tagebau, teils im Untertageabbau. Seit Mitte der 80er Jahre ist Australien der größte Steinkohle-Exporteur der Welt. Die Hälfte seiner Ausfuhr geht nach Japan. Der größte Teil des australischen Erdöls wird in der Bass Strait gewonnen. Damit können drei Viertel des einheimischen Bedarfs an Erdölprodukten gedeckt werden. Ein wenig geliebtes Geschenk der Natur ist das leicht abbaubare Uran, von dem der Kontinent 29% der Weltvorkommen besitzt. Problematisch ist der Uranbergbau aus drei Gründen: zum einen liegen die Abbaugebiete überwiegend in Gebieten, die bislang den Aborigines überlassen worden waren oder von ihnen beansprucht werden, zum anderen erzeugt Australien selbst keine Atomenergie, und drittens lehnt die Regierung, wie bereits erwähnt, Atombombenversuche schlechthin ab.

Allgemein kann man feststellen: Neu entdeckte Rohstoffvorkommen und moderne Techniken des Abbaus machen Australien zu einem der größten Rohstofflieferanten der Welt. Mit seinen Bodenschätzen profitiert es vor allem von der Industrialisierung und wirtschaftlichen Expansion der Länder in seiner Nachbarschaft. Diese Entwicklung zwang es jedoch zu neuen Konzepten und Strategien in der Wirtschaftspolitik.

Wirtschaftspolitische Strategien:
vom Protektionismus zu Deregulierung und Liberalisierung

Der Zusammenschluß der Kolonien zu einem einheitlichen Bundesstaat im Jahr 1901 war ein längst überfälliger Schritt, der eine gesamtaustralische Außenwirtschaftspolitik möglich machte. Nicht mit Freihandel glaubte man sich den Weg zur Industrienation erstreiten zu müssen, sondern mit einer Abschirmung nach außen in Gestalt einer Schutzzollpolitik.

Die Verbindung zum Mutterland, das die meisten Rohstoffe und landwirtschaftlichen Ausfuhrerzeugnisse verwenden konnte und somit eine gesicherte Einnahmequelle abgab, war eine notwendige Voraussetzung für den Protektionismus. Nach der unter Premierminister Alfred Deakin 1906 beschlossenen sog. *„New Protection"* wurde den Arbeitern ein „fairer und gerechter" Lohn zugesagt.

Großbritannien und sein Empire wurden von der australischen Schutzzollpolitik mit beachtlichen Vorzugszöllen begünstigt. Die Verbindung zu Mutterland und Empire wurde 1932 auf der Ottawa-Konferenz in bilateralen Abkommen erneut gefestigt. Für Australien war es daher nach 1945 nicht leicht, die traditionelle Schutzzollpolitik abzubauen. Es profitierte jedoch auch vom Know how neuer Einwanderer, die der Industrialisierung einen weiteren Schub versetzten. Bis 1960 verdoppelte sich die Zahl der Fabriken, und General Motors baute mit dem „Holden" das erste australische Auto. Das spektakulärste Vorhaben war das 1949 begonnene und vom Staat geförderte Snowy Mountains-Projekt, das die Wasserkraft der Australischen Alpen zur Elektrifizierung nutzen sollte und nach 25 jähriger Bauzeit fertiggestellt wurde.

Die wirtschaftliche Trennung vom Mutterland, das seine machtvolle imperiale Stellung mit dem Ende des Zweiten Weltkriegs eingebüßt hatte, war nicht aufzuhalten. Ein ebenso symbolischer wie tatsächlich bedeutsamer Schritt in der Lösung von Großbritannien und dem Sterling-Block war die Währungsumstellung vom £ (Pfund Sterling) zum A$ (Australischen Dollar) im Jahre 1966.

Großbritannien verlor seine herausragende Stellung als Abnehmer australischer Produkte. Während im Jahre 1950 noch 39% der australischen Exporte zum Mutterland gingen, waren es zehn Jahre später nur noch 31%, und 1977 ganze 5%. An die Stelle Großbritanniens als Hauptabnehmer australischer Rohstoffe und

landwirtschaftlicher Produkte trat Japan, dessen Anteil von 4%
1950 auf 34% 1977 anstieg. Dem Vertrauen gegenüber dem einst
gefährlichsten Gegner wurde vielfach und beredter Ausdruck gegeben, so vom Vernon Committee 1965, das die Handelsmög-
lichkeiten mit Japan untersuchte und schon damals die bemer-
kenswerte Schlußfolgerung zog: *„Japan has virtually become the
United Kingdom of the Far East"*.

Der Optimismus, den der *mineral boom* in den 70er Jahren
aufkommen ließ, verleitete zu der Hoffnung, Zeit zu gewinnen,
um genügend Mittel zur Beseitigung der offensichtlichen Defizite
im industriellen Bereich aufzubringen. Doch just zu dem Zeitpunkt, da sich Australien anschickte aufzuholen, machte die tiefe,
von der Ölpreiskrise 1973 ausgehende weltweite Rezession be-
gründete Hoffnungen zunichte. Tausende von Arbeitsplätzen gingen im folgenden Jahrzehnt verloren.

Zu einer überfälligen großen Wirtschaftsreform konnten die
Liberal-Konservativen sich nicht aufschwingen. Die 1983 folgende Labor-Regierung unter dem früheren Gewerkschaftsführer
Robert Hawke erwirkte eine Beruhigungsphase an der Streikfront
durch den sogenannten *„Accord"*, einen Pakt zwischen der ALP
und dem Gewerkschaftsbund ACTU. Mit einer Liberalisierungs-
politik sollten ausländische Investoren ins Land geholt werden,
mit einem *floating* des australischen Dollar eine Anpassung an
das Weltwährungssystem erreicht werden.

Eine australische Expertenmission, die gegen Ende der 80er
Jahre die Länder Schweden und Norwegen, Österreich und
Deutschland besuchte, fand heraus, daß Australien im Vergleich
zu diesen Staaten allzulange eine Handels- und Industriepolitik
betrieben hatte, die von spontanen und widerspruchsvollen Maßnahmen gekennzeichnet sowie von partikularistischen und eng-
stirnigen Interessen geleitet war. „Deregulierung" war die neue
Devise. 1991 wurde das Ende des Protektionismus verkündet.
Danach erließ die Labor-Regierung eine Reihe von Maßnahmen
zur Stärkung der Industrie: Zollsenkungen, Verbesserung der
Ausbildung von Arbeitnehmern, Unterstützung von Wissenschaft
und Forschung, etc.

Ein großes Hindernis sind für Australien die Handelsschranken
in verschiedenen Teilen der Welt. Ärger bereiten unter anderem
die Barrieren der EU gegen die Einfuhr von australischen Agrar-

Exporte und Importe 1995/96

Exporte insgesamt		75,99 Mrd. A$
davon:	Erze u. a. Bodenschätze	33,00 Mrd. A$
	landwirtschaftliche Produkte	21,26 Mrd. A$
	Industriegüter	22,02 Mrd. A$
nach:	Japan	16,42 Mrd. A$
	USA	4,60 Mrd. A$
	APEC-Länder	57,62 Mrd. A$
Importe insgesamt:		77,89 Mrd. A$
aus:	USA	17,55 Mrd. A$
	Japan	10,82 Mrd. A$
	Großbritannien	4,89 Mrd. A$
	Deutschland	4,86 Mrd. A$
	APEC-Ländern	52,00 Mrd. A$

Quelle: Year Book Australia 1997, Number 79. Canberra 1997.

produkten. Der australische Handel mit der Europäischen Union ist allerdings noch beachtlich: er betrug im Handelsjahr 1995/96 fast 28 Mrd. A$ und machte damit 18,1% des gesamten Außenhandels aus, der japanische Anteil 17,7% und der US-amerikanische 14,4%. Australiens Exporte insgesamt überstiegen im Handelsjahr 1996/7 die 100-Milliardengrenze. Mit einem bilateralen Handel von 27,8 Milliarden A$ war die Europäische Union noch vor Japan Australiens größter Handelspartner.

Da Japan unter anderem 40% seiner Eisenerze und 40% seiner Importkohle aus Australien bezieht, wurden die Stimmen lauter, die vor einer wachsenden gegenseitigen Abhängigkeit warnen.

Premierminister Keating im Februar 1992

„Die japanische Eroberung und Besetzung der Region [im Zweiten Weltkrieg] brachte unbeschreibliches Leid für große Teile der Bevölkerung und alliierte Kriegsgefangene, darunter Tausende von Australiern. [...] Im Falle Japan würde eine freimütige Anerkennung der Verantwortung für die früheren Taten eine größere Akzeptanz und Rechtmäßigkeit seiner wachsenden Führungsrolle im asiatisch-pazifischen Raum fördern."

Australian Financial Review, 20.2.1992.

Diese Warnungen richteten sich auch auf den offenen Investitionssektor. Premierminister Keating scheute sich 1992 nicht, die Angst vor Japan beim Namen zu nennen.

Einem allgemeinen Trend der Wirtschaftspolitik folgend, sucht Australien eine engere Verbindung zu den Staaten in der asiatisch-pazifischen Region. So wurde im November 1989 in Canberra eine regionale Verbindung der Länder im asiatisch-pazifischen Raum in Form der Asia-Pacific Economic Cooperation (APEC) vereinbart. In Bogor (Indonesien) verkündeten die versammelten 18 Staaten 1994 als Ziel, bis zum Jahre 2010 in den industrialisierten Mitgliedsländern und bis 2020 in den noch im Entwicklungsstadium befindlichen alle Handelsschranken zueinander abzubauen. Immerhin kam 1995/6 schon knapp die Hälfte aller ausländischen Investitionen (196 von 438 Mrd. A$) aus den APEC-Staaten, umgekehrt ging mehr als die Hälfte der australischen Auslandsinvestitionen (84 von 152 Mrd. A$) dorthin.

Der Kurs auf eine weitere Liberalisierung des Handels zwischen den APEC-Ländern wurde auf dem Treffen der Staats- und Regierungschefs Mitte November 1998 in Kuala Lumpur zwar bekräftigt, aber Premierminister Howard gab zu erkennen, daß er die Möglichkeiten realistischer, d.h. kritischer, als bisher einschätzt. Inzwischen weiß man, daß auch in einem asiatisch-pazifischen Verbund die australischen Bäume nicht in den Himmel wachsen werden.

Die Gewerkschaften

Das Bild der Gewerkschaften ist historisch wie gegenwärtig sehr differenziert und verändert sich laufend. So zählte man 1994 insgesamt 157 verschiedene Gewerkschaften mit zusammen 2890200 Mitgliedern. Darunter waren 76 kleinere Gewerkschaften mit weniger als 1000 Mitgliedern, und nur 17 größere mit mehr als 50000.

Schon in den 20er Jahren des 19. Jahrhunderts gab es Zusammenschlüsse mit dem Ziel, verschiedene Forderungen gegen die Unternehmer durchzusetzen. 1856 begann mit der *Eight Hours' League* in Melbourne ein jahrzehntelanger Kampf um den Achtstundentag. Knapp zwanzig Jahre später war das Ziel in Victoria erreicht. 1879 trat der erste *Intercolonial Trade Union Congress* zusammen, ein zweites Mal 1884. Im Juni 1889 wurde die *Australian Labour Federation* gegründet, die aber doch nicht die erhoffte Einheit der Gewerkschaften brachte.

Um ihre Forderungen politisch durchzusetzen, forcierten die Gewerkschaften die Gründung einer politischen Organisation. Die im letzten Jahrzehnt des 19. Jahrhunderts aus mehreren Strömungen entstandene Australian Labor Party kann man als ein Ergebnis unbewältigter gesellschaftlicher Konflikte mit durchaus klassenkämpferischen Zielen sehen. Immerhin wurde im Jahre 1901 mit dem *Commonwealth Conciliation and Arbitration Act* die Registrierung der Gewerkschaften und die Schaffung eines Schiedsgerichts mit einem Vertreter der Gewerkschaften und der Arbeitgeberseite gesetzlich festgelegt.

Die mit der staatlichen Einigung eingeleitete Schutzzollpolitik, insbesondere in der Form der *New Protection* von 1906, sollte der australischen Arbeiterschaft einen in der ganzen Welt beneideten hohen Lebensstandard sichern. In der berühmten „Harvester"-Entscheidung jenes Jahres wurde ein Grundlohn (*basic wage*) festgelegt, der mit den Jahren den wachsenden Unternehmergewinnen entsprechend angehoben wurde.

Mit dem Ersten Weltkrieg brach das australische „Arbeiterparadies" zusammen. Mitten im Krieg erschütterte 1917 der bislang größte Streik in der australischen Geschichte Politik und Gesellschaft. Als in der Zwischenkriegszeit Maßnahmen gegen gewerkschaftliche Aktivitäten stets mit der „kommunistischen Gefahr" begründet wurden, war es dringend nötig, die Kräfte zu bündeln. Obgleich schon 1921 ein Zusammenschluß unter einer Dachorganisation versucht worden war, konnte er erst am 3. Mai 1927 mit dem Australasian Council of Trade Unions (seit 1943 Australian Council of Trade Unions, abgekürzt ACTU) verwirklicht werden.

Nach dem Zweiten Weltkrieg wurde mit einer Entscheidung des Commonwealth-Schiedsgerichts 1948 die 40-Stundenwoche eingeführt, 1982 die 38-Stundenwoche. Gegenwärtig wird die gewerkschaftliche Macht insbesondere dadurch beschränkt, daß zunehmend Lohnabschlüsse auf Unternehmensebene getätigt werden, die als produktivitätssteigernd gelten. Um einer Aushöhlung ihrer Macht entgegenzuwirken, reduzierten die Gewerkschaften zwischen 1986 und 1992 ihre Zahl durch Zusammenschlüsse von

326 auf 250, auf Bundesebene sind es rund 70. Das Problem des Mitgliederschwunds – der Organisationsgrad sank zwischen 1971 bis Ende der 80er Jahre von 51 % auf 42 % – bleibt bestehen.

Zu einer politischen Vertrauenskrise kam es Ende 1997, als vermutet wurde, daß die Regierung die gewerkschaftliche Macht gewaltsam und mit unlauteren Mitteln einschränken wollte. Die Hafenarbeiter der Maritime Union of Australia beschuldigten eine Firma, daß sie Söldner zu Streikbrechern ausbilde. Der Lärm um solche Machenschaften, die den Stempel einer Verschwörung trugen, löste weltweit Empörung aus. Die Ausbildung von Streikbrechern im arabischen Dubai wurde abrupt beendet, die Verwicklung der Regierung darin von den Untersuchungen jedoch ausgeklammert.

Unternehmerverbände

Auch die Arbeitgeber sicherten ihre Interessen durch Zusammenschlüsse, die zwar weniger spektakulär waren, aber doch eine machtvolle Front gegen die Gewerkschaften darstellten.

1825 wurde die erste Handelskammer in Sydney gegründet, eine zweite 1838 in Adelaide, eine andere 1868 in Brisbane, um nur einige zu nennen. Die Mehrzahl dieser frühen Zusammenschlüsse existierte nur eine kurze Zeit. Auf nationaler Ebene wurde 1890 die Master Builders' Federation of Australia gegründet, und ein Jahr später das Pastoralists' Federal Council, das 1960 zum Australian Woolgrowers and Graziers' Council umgetauft wurde. Zu einer Lobby im neuen Parlament des Commonwealth schlossen sich Industriekammern 1903 als Associated Chambers of Manufacturers of Australia zusammen, denen insbesondere das oben erwähnte Schiedsgericht ein Dorn im Auge war.

Nachdem bereits 1946 größere Unternehmer und Unternehmerverbände ein gemeinames Sekretariat eingerichtet hatten, wurde 1961 die National Employers' Association formell mit der Vertretung der Arbeitgeberinteressen beauftragt. Das Australian Council of Employers' Federation of Australia und die Associated Chambers of Manufacturers schufen 1971 das Central Industrial Secretariat. 1977 schließlich schlossen sich das Australian Council of Employers' Federation und die Associated Chambers of

Manufacturers of Australia zur Confederation of Australian Industry (CAI) zusammen. Um mehr Einfluß auf die Wirtschaftspolitik der Regierung auszuüben, verbanden sich große Unternehmen 1983 zum Business Council of Australia (BCA), in dem etwa 100 große Companies des Landes ihr gemeinsames Vorgehen in politischen Angelegenheiten absprechen. Auch die 1979 gegründete National Farmers' Federation (NFF) übt trotz nachlassenden Gewichts der Agrarwirtschaft einen nicht geringen Einfluß auf die Politik aus.

Soziale Sicherung und medizinische Versorgung

Australien ist nicht mehr das Land, in dem man hoffen kann, Gold auf der Straße oder nur knapp unter der Erdoberfläche zu finden. Es ist auch nicht mehr das „Paradies der Arbeiter", wie es vor dem Ersten Weltkrieg apostrophiert wurde. Beide Beschreibungen waren Übertreibungen, die an der Wirklichkeit des damals noch relativ fernen Kontinents vorbeigingen. Auch bei den „Antipoden" gab es Arbeitslosigkeit, Armut, Krankheit, Behinderung und Alter, für die nicht oder nur schlecht vorgesorgt war.

Armengesetze wie in England wurden zwar diskutiert, aber nie eingeführt, weil die Kosten dafür nur mit Steuererhöhungen hätten aufgebracht werden können, was Politiker und Öffentlichkeit abschreckte. Eine vorübergehende Nothilfe wurde lange von sog. *Friendly Societies* geboten, vorausgesetzt, der Bedürftige war Mitglied. Auch die Vereinigungen von Einwanderern dienten oft der materiellen Hilfe für ihresgleichen, wie es bei den deutschen Vereinen in Melbourne in den ersten Jahren nach der Mitte des 19. Jahrhunderts der Fall war.

Eine Arbeitslosenhilfe gab es lange Zeit nicht. Die Gewerkschaften hielten sich für Probleme der Arbeitslosigkeit nicht zuständig. Weder diese noch die Labor Party – und andere Parteien schon gar nicht – traten für ein staatlich gelenktes Sozialsystem ein. Erst nach dem Ersten Weltkrieg wurde das Problem als akut empfunden, so daß Queensland 1923 eine Arbeitslosenversicherung einführte, die ironisch als *Workers' Paradise Bill* apostrophiert wurde. Die in Australien schon 1927 einsetzende Wirtschaftskrise spornte die Regierungen an, eine allgemeine Absicherungsmöglichkeit für die Bevölkerung zu schaffen. Eine 1928 im Parlament eingebrachte und heftig diskutierte *National Insurance Bill* scheiterte, ebenso die zehn Jahre später vorgelegte *National Pensions and Health Insurance Bill.*

Im Kriege wurde ein *National Welfare Scheme* entworfen, das die nach dem Ersten Weltkrieg aufgetretenen Probleme am Ende des Zweiten abwenden sollte. Der 1944 angenommene *Unemployment and Sickness Benefit Act,* mit dem die Arbeitslosenunterstützung zum ersten Mal auf gesamtaustralischer Ebene umfassend geregelt wurde, trat am 1. Juli 1945 in Kraft.

Schon 1941 war mit dem *Department of Social Services* ein Ministerium geschaffen worden, das sich der vielfachen sozialen Probleme, insbesondere der Arbeitsbeschaffung, annehmen sollte. Es war auch für die Arbeitslosenunterstützung zuständig, bis 1946 der *Commonwealth Employment Service* eingerichtet wurde. 1947 wurden alle Sozialgesetze inklusive des *Unemployment and Sickness Benefit Act* zu einem System mit dem Namen *Social Service Consolidation Act* zusammengefaßt.

Zwei Jahrzehnte nach 1949 gab es trotz massiver Förderung der Einwanderung keine nennenswerte Arbeitslosigkeit. Diese bewegte sich selbst in „Krisenzeiten" nur um ein Prozent, so daß die liberalkonservativen Regierungen zu keinerlei tiefgreifender Gesetzgebung herausgefordert wurden. Die Labor-Regierung unter Whitlam hatte zwar weitreichende Reformpläne, war aber von 1972 bis 1975 zu kurz im Amt, um mehr als nur Stückwerk, wie die *Medibank* für die staatliche medizinische Versorgung zu hinterlassen.

Mit der Rezession der 80er Jahre konfrontiert sah sich die liberal-konservative Nachfolgeregierung unter Fraser zu einem Abbau staatlicher Ausgaben genötigt, der auch die *Medibank* hart traf. Eine Wende trat mit der Übernahme der Regierung durch die Labor Party unter Hawke im Jahre 1983 ein, obgleich – oder gerade weil – die Wirtschaftsdaten zu keinerlei Optimismus Anlaß gaben: 1983 war die Arbeitslosigkeit auf fast 10% angestiegen! Mit der 1984 eingeführten *Medicare* sollte eine allgemeine Krankenversicherung und medizinische Grundversorgung sichergestellt werden. Die Behandlung in öffentlichen Krankenhäusern ist kostenlos. Zwei Drittel der Kosten trägt die öffentliche Hand. Finanziert wird dies über eine 1,5%ige Sondersteuer, den Rest plus eventuelle Zusatzleistungen zahlen die Patienten über private Versicherungen bzw. direkt aus der eigenen Tasche.

Dem von der Regierung im Mai 1994 vorgelegten und von amerikanischen Vorstellungen beeinflußten *White Paper* mit dem programmatischen Titel „*Working Nation*" zufolge sollte ein mit 6,5 Mrd. australischen Dollars zu finanzierendes Programm innerhalb von vier Jahren die Arbeitslosenquote auf 5 % senken. Besonderes Gewicht wurde auf eine Verbesserung der beruflichen Ausbildung gelegt. Dieser Ansatz zu einer „Deregulierung" wurde fortgesetzt und erweitert, als 1996 die Liberal-Konservativen unter John Howard die Labor Party in der Regierung ablösten. Mehr als zuvor wird im Sozialbereich gegenwärtig auf Privatinitiative gesetzt. Von einem „*Lucky Country*" ist augenblicklich nicht mehr die Rede. Und ein neues „Paradies" ist zur Zeit auch nicht in Sicht.

Die Flying Doctors

Um medizinische Versorgung auch im entferntesten *Outback* zu gewährleisten, wurde der *Royal Flying Doctor Service of Australia* eingerichtet. Dieser 1928 von dem Geistlichen John Flynn gegründete Dienst steht Tag für Tag rund um die Uhr für entlegene *stations* parat, um Hilfe zu leisten. Von 17 Basisstationen starten 38 Flugzeuge, die jährlich fast 12 Mio. km zurücklegen, um rund 183 000 Patienten zu helfen; 17 000 werden in Krankenhäuser ausgeflogen. Tausende werden zusätzlich über Funk und Telefon betreut. Dieses einzigartige Netzwerk kostet rund 43 Mio. A$ im Jahr und wird vom Bund und von den Einzelstaaten, aber auch aus Spendenfonds finanziert.

Aus: Australia in Brief, hg. vom Department of Foreign Affairs and Trade, 1998.

Sport ist bei den Australiern großgeschrieben

Glaubenswelten

„Der Europäer hat eine philosophische Literatur, die ein weitgehend deduktives Verstehen von Wirklichkeit, Wahrheit, Güte und Schönheit ausdrückt. Der Aborigine besitzt eine Mythologie, einen Ritus und eine Kunst, die ein intuitives, visionäres und poetisches Erfassen des gleichen Höchsten ausdrücken. Im Erleben des Dreaming ,lebt' der Aborigine diese Philosophie."

W. E. H. Stanner, 1953. (Übers. J. H. V.)

„Alle Glaubensrichtungen in Australien sind die von Exilanten und litten an der Tendenz, anderen Zwecken zu dienen als denen ihrer Begründer."

C. Manning Clark, 1962. (Übers. J. H. V.)

Mythos und Glauben der Aborigines

Die Aborigines glauben an Gott, ohne dies jedoch in den Mittelpunkt ihres Denkens zu stellen. Es ist nicht eindeutig entschieden, ob man bei ihnen von einem Hochgottglauben sprechen kann. Die Namen der Gottheiten sind in den einzelnen Aboriginal-Sprachen unterschiedlich. Ein Gott wird weder verehrt noch gefürchtet. Die in Felsmalereien dargestellten *Wondjina* gelten zwar nicht als Schöpfer der Erde, wohl aber als gestaltende Kräfte einer ewig bestehenden, niemals untergehenden Welt. Größte Bedeutung haben die Totemvorfahren, über die eine Verbindung zur Urzeit, *Alcheringa,* gesucht und die in Steinen, Pflanzen, Tieren etc. gefunden wird. Die irdischen Wirkungsstätten der Totemvorfahren sind heilig. Erst seit einigen Jahrzehnten werden diese heiligen Orte und jahrtausendealten Kultstätten von den „weißen" Australiern respektiert und sind zum Teil tabu. Heute dürfen Touristen nicht mehr alle Stätten des heiligen Berges Uluru (Ayers Rock) besichtigen. Trotzdem steigen Jahr für Jahr mehr Touristen auf den 384 m hohen Monolithen, und Jahr für Jahr stürzen einige von ihnen ab.

Glaubensgemeinschaften der „weißen Australier"

Das religiöse Leben der mehrheitlichen Bevölkerung wird durch die Glaubensgemeinschaften der Einwanderer geprägt, die noch vielfach, wenn auch deutlich geringer als im 19. Jahrhundert, mit denen ihrer Herkunftsländer in Verbindung stehen. Den ersten zahlenmäßig dominierenden Einwanderern entsprechend waren es die Kirchen der britischen Inseln, die dem Kontinent ihren religiösen Stempel aufdrückten: die Angehörigen der Anglikanischen Kirche aus England, der Katholiken aus Irland und der Presbyterianer aus Schottland.

Die Anglikanische Kirche

Die Anglikanische Kirche von Australien unterstand wie die des Mutterlandes dem jeweiligen Monarchen, der als *Supreme Governor* fungierte. Die Anglikanische Kirche war eine der Kräfte, die die Kolonien mit dem Mutterland verbanden. Loyalität zum Empire war eine von der Kirche abgesegnete, quasi-religiöse Angelegenheit, im Frieden wie im Krieg, ganz besonders in letzterem.

1876 gab sich die Anglikanische Kirche in Australien eine eigene Verfassung, aber erst 1962 sagte sie sich mit ihren 23 Diözesen von der „Mutterkirche" los und wählte einen eigenen Primas. Bis Mitte der 80er Jahre blieben die Anglikaner die zahlenmäßig stärkste Religionsgemeinschaft in Australien; dann wurden sie von den Katholiken überholt.

Die römisch-katholische Kirche

Die römisch-katholische Kirche hatte es schwer, in der ersten Kolonie Fuß zu fassen. Denn mit der Deportation einer großen Zahl irischer Strafgefangener wurden ebenfalls Probleme der britischen Inseln zum Fünften Kontinent exportiert. Erst der Protest der Katholiken gegen Beschränkungen durch die Kolonialregierung und die Hartnäckigkeit zweier Priester in Sydney hatten zur Folge, daß 1820 die erste katholische Gemeinde ans Licht der Öffentlichkeit treten konnte. Über Jahre danach gab es Spannungen zwischen den aus England stammenden Katholiken und den aus Irland eingewanderten. Im Ersten Weltkrieg noch machten irischstämmige Kirchenführer aus ihrer politischen Gegnerschaft zur vorherrschenden Empire-Verbundenheit kein Hehl.

Die heutige katholische Kirche ist offen für die lange auch von ihr übersehenen Probleme der Aborigines. 1991 schufen sich Aboriginal Katholiken eine Vertretung und ein Diskussionsforum im Catholic Aboriginal and Torres Strait Islander Council.

Die Presbyterianer

Gläubige Presbyterianer, die überwiegend aus Schottland stammten, hatten wie die Katholiken ihre Probleme mit den Anglikanern. Zwanzig Jahre nach der Gründung ihrer ersten Gemeinde 1803 erhielten sie in der Person von John Dunmore Lang einen politisch wie sozial und religiös engagierten Glaubenskämpfer, der in Sydney den Grundstein der Schottischen Kirche legte. Parallel zur Heimatkirche, die sich teilte, spaltete sie sich auch auf dem australischen Neuland. Erst 1901 gab es durch die Gründung der Presbyterian Church of Australia ein loses Band, das die diversen Gruppen und Richtungen bis heute umschlingt. Die Presbyterianer ordinierten 1974 zum ersten Mal eine Frau.

Methodisten

Schon 1817 konnten Methodisten in Sydney ihre erste Kirche einweihen. Der Methodismus entfaltete in Australien eine außerordentlich rege Tätigkeit in vielen Gemeinden, die sich wiederum zu zahlreichen Gruppen formierten. Im Jahre 1902 vereinigten sie sich zur Methodist Church of Australasia. 1971 wurde die erste Frau in das Priesteramt eingeführt.

Die Kongregationalisten

Die Kongregationalisten (Independenten), die sich gegen jeden staatlichen Einfluß wehren, faßten ab den 30er Jahren des 19. Jh. festen Fuß auf dem Kontinent. Bis 1850 hatten sie kleine Gemeinden in allen Kolonien gegründet.

Das australische Neuland bot den verschiedenen Glaubensgemeinschaften ein großes Experimentierfeld für Abweichungen und Abspaltungen. Da die Fragmentierung aber im Ringen um die Seelen nicht gerade hilfreich war, sieht man in den letzten Jahrzehnten eine gegenläufige Tendenz: den Zug zu Zusammenschlüssen. 1977 verbanden sich die Presbyterianer, Methodisten und Kongregationalisten (Independenten) zur Uniting Church in Australia.

Die Baptisten

Die Geschichte der nach der kalvinistischen Lehre lebenden Baptisten beginnt mit dem Jahre 1831 in Sydney und ihrer ersten Kirche, die dort 1836 entstand. Um die gleiche Zeit faßten die Baptisten Fuß in Hobart. 1926 schlossen sich die verschiedenen Gemeinden zur Baptist Union of Australia zusammen. Die Baptisten können auf eine rege Missionstätigkeit unter den Aborigines zurückblicken.

Die Lutherische Kirche

Mit der Einwanderung der sogenannten Altlutheraner 1838 in South Australia schlug die Lutherische Kirche in Australien Wurzeln. Die Einwanderer hatten aus Glaubensgründen ihre preußische Heimat verlassen, in der sie sich der staatlich verfügten Vereinigung von Lutheranern und Reformierten widersetzten. Die Lutheraner, zuerst in South Australia, dann auch in Victoria und in den anderen Kolonien, waren bald in mehrere Synoden gespalten, bis ihre Bedrängnis im Ersten Weltkrieg das Zusammengehen in zwei Synoden zu einem Gebot der Vernunft machte: zur Vereinigten Evangelisch-lutherischen Kirche in Australien (VELKA) und zur Evangelisch-lutherischen Synode von Südaustralien (ELSA). 1966 schließlich fanden sich auch diese zwei zur Lutheran Church of Australia (LCA) zusammen. Allerdings stehen drei lutherische Gemeinden (in Melbourne, Springvale und Sydney) außerhalb der LCA, weil sie der Evangelischen Kirche in Deutschland über deren Außenamt angehören.

Die orthodoxe Kirche

Erst in der zweiten Hälfte des 20. Jh. erhielt die ostkirchlich-orthodoxe Glaubensgemeinschaft einen nennenswerten Zuwachs. Sie zeichnet sich durch eine große Vielfalt aus, die sich aus der unterschiedlichen nationalen Herkunft der Gläubigen erklärt (z. B. griechisch-, russisch- oder rumänisch-orthodox). –

1948 schlossen sich zwölf christliche Kirchen zum Australian Council of Churches zusammen. Die Katholiken, die Lutheraner und die Baptisten traten diesem lockeren Verbund jedoch nicht bei. 8 von den 13 Mitgliedskirchen zählen zu den orthodoxen Kirchen.

Jüdische Gläubige

Seit 1817 organisierten sich Juden in Sydney zu einer Gemeinde. Eine erste Synagoge wurde dort 1837, eine zweite 1859 gegründet. In Melbourne entstanden die ersten Gemeinden 1847 und 1859. Die 1843 in Hobart erbaute Synagoge ist das älteste, in seiner ursprünglichen Gestalt erhalten gebliebene Bauwerk. Wenige Jahre später schuf sich die jüdische Gemeinde in Adelaide ihr erstes Gotteshaus.

Religionen mit Wurzeln in Asien

Mit neuen Einwanderergruppen im 20. Jahrhundert entwickelte sich eine große Mannigfaltigkeit religiösen Gemeinschaftslebens. So faßte unter anderem der Baha'i-Glauben schon 1920 Fuß auf australischem Boden. Der einem jeden Kontinent bestimmte Tempel entstand bei Sydney. Aber erst nach der Überwindung der *White Australia Policy* und damit verbunden der Öffnung nach Asien, konnten sich zahlreiche nichtchristliche Religionsgemeinschaften entfalten. Chinesen knüpften dabei an ihre frühen Traditionen aus der Goldgräberzeit an, Buddhisten organisierten sich 1959 zur „Buddhist Federation of Australia", Sikhs aus Indien gründeten in den 60er Jahren ihren ersten Gurdwara, Hindus eröffneten 1985 in Sydney einen Tempel; die größte muslimische Moschee wurde 1976 in Lakemba gebaut. Zahlenangaben über die Religionszugehörigkeit der Bevölkerung sind höchst unge-

Die größten Glaubensgemeinschaften

	1986	1996
Katholiken (röm.-kathol.)	26,1%	27,0%
Anglikaner	23,9%	22,0%
Uniting Church	7,6%	7,5%
Orthodoxe	2,7%	2,8%
Lutheraner	1,3%	1,4%
Muslime	0,7%	1,1%
Buddhisten	0,5%	1,1%
Juden	0,4%	0,4%
Hindus	0,1%	0,4%

nau, da diese in Volkszählungen seit 1861 nicht angegeben werden muß. In den geschätzten Prozentzahlen spiegelt sich dennoch die in den letzten Jahrzehnten entstandene Vielfalt der australischen Gesellschaft wider, die somit einen wahrhaft multikulturellen Charakter gewonnen hat.

Erziehung und Bildung

„Erziehungswesen und höhere Kultur sind in Australien wie in jedem anderen Kolonialgebiet fremde Ideensysteme, die der Gesellschaft oktroyiert wurden mit dem Ergebnis, daß es die Menschen von ihrer eigenen Kultur entfremdete und den Kontakt zu ihren eigenen Leuten erschwerte."
Leslie Allen Murray, 1982. (Übers. J. H. V.)

Das Schulwesen

Mit den Kirchen, die im ersten halben Jahrhundert das Monopol der Erziehung besaßen, entstand das australische Schulwesen. Im Laufe der Zeit wurde erkennbar, daß selbst mit staatlichen Zuschüssen an die einzelnen Religionsgemeinschaften eine allgemeine Schulerziehung raumübergreifend nicht gewährleistet werden konnte. Deshalb wurden neben den kirchlichen auch rein staatliche Schulen eingerichtet.

Das Schulsystem in Australien war und ist vornehmlich eine Angelegenheit der Staaten, ähnlich der Kulturhoheit der Länder in Deutschland. Zwischen 1872 und 1893 wurde in allen Kolonien, den Vorläufern der Staaten, ein allgemeines staatliches Schulsystem aufgebaut. Schulpflicht besteht in allen Staaten für Kinder vom 6. bis zum 15. Lebensjahr, in Tasmania bis zum 16. In der Gestaltung des Lehrplans wird den Schulen ein relativ großer Freiraum eingeräumt.

Die überwiegende Mehrzahl der Schulen sind koedukative Gesamtschulen. Das australische Schulwesen ist ein „duales", das staatliche und private Anstalten umfaßt. 1997 gab es 9 648 Schulen, von denen 7 122 staatliche waren. Die Schülerzahl der staatlichen belief sich auf 2,2 Millionen, die der privaten auf 901 000, wobei ca. 80% der Privatschulen in den Händen der katholischen Kirche liegen.

Ein typisch australisches Problem sind nach wie vor die großen Entfernungen zwischen Einzelsiedlungen in den Weiten des Kontinents. Zur Abhilfe wurden seit der Jahrhundertwende in Queensland sog. *travelling schools* eingerichtet, die Kindern in abgelegenen Farmen eine Grundausbildung vermittelten. Diese Einrichtung wurde 1951 modernisiert, als in Alice Springs die erste *School of the Air* enstand, von der die Kinder in entfernten Siedlungen, auch Aborigines, auf dem Radiowege unterrichtet werden.

In vielen Schulen werden asiatische und europäische Fremdsprachen angeboten. Nach einem 1987 angenommenen Programm der nationalen Sprachpolitik sollen besonders vier asiatische Sprachen im Unterricht gefördert werden: Japanisch, Indonesisch, Koreanisch und Hochchinesisch. Seit 1990 nimmt Japanisch die führende Stelle unter den Fremdsprachen im letzten Schuljahr und an den Universitäten ein.

Hochschulen

Die erste „Hochschule" war ein auf Initiative von Dr. John Dunmore Lang 1831 in Sydney eröffnetes College, das über zwei Jahrzehnte dort eine höhere Bildung anbot. Zwanzig Jahre später wurde ebenfalls in jener Metropole die erste Anstalt zur Ausbildung von Lehrern eröffnet. Mit dem wirtschaftlichen Aufschwung durch die Goldfunde wurden eine ganze Reihe höherer, überwiegend berufsorientierter Lehranstalten gegründet. Seit dem ausgehenden 19. Jahrhundert schossen Fachschulen wie Pilze aus dem Boden. So zählte der Staat Victoria 1910 bereits 19 sogenannte „technical schools".

Seit 1850 gibt es australische Universitäten. Die erste wurde damals in Sydney gegründet, drei Jahre später die zweite in Melbourne, 1874 folgte Adelaide, 1890 Hobart, 1909 Brisbane und 1911 Perth.

Das 1938 enstandene University College von New England in Armidale machte eine Entwicklung durch, die typisch für eine ganze Reihe von ähnlichen Institutionen werden sollte: es war anfangs ein Zweig der Sydney University, wurde 1954 unabhängig und zu einer selbständigen Universität erhoben. In ihrer Zielsetzung anders gelagert war die Gründung der Australian National University (ANU) in Canberra im Jahre 1946. Sie sollte als Forschungseinrichtung in der Form von „Institutes of Advanced Studies" fungieren, da bis dahin australische Studenten ihre Forschungen vorwiegend an britischen Universitäten betrieben und dort ihre höheren akademischen Weihen erlangt hatten. 1960 wurde die ANU mit dem bereits bestehenden Canberra University College verbunden, das seitdem als Zweig der School of General Studies *undergraduates* ausbildet.

Nach dem Zweiten Weltkrieg begann auf universitärem Gebiet eine bis heute nicht abgeebbte Phase von Neugründungen. Die erste Privatuniversität entstand 1989 mit der Bond University an Queenslands Gold Coast. 1998 gab es in Australien 38 Universitäten, darunter drei private: neben der oben erwähnten zwei von der katholischen Kirche getragene, die „Notre Dame University" in Fremantle und die „Catholic University" in North Sydney.

Seit den 70er Jahren ist als neuer Institutionstypus das College of Advanced Education (CAE) aufgekommen, dessen Lehrplan stärker berufsorientiert gestaltet ist. Das gleiche gilt für die Colleges of Technical and Further Education (TAFE).

1996 gab es in Australien 634094 Studenten, von denen mehr als die Hälfte Frauen waren. Bemerkenswert ist die Tatsache, daß 1995 nur 59% der Studenten vollzeitlich immatrikuliert waren, 29% teilzeitlich, während 12% ein Fernstudium betrieben. Beachtlich ist die Zunahme ausländischer Studenten v.a. an berufsbildenden Colleges. Waren es 1987 nur 7131, so belief sich ihre Zahl 1996 auf 143067, was eine Steigerung auf mehr als das Zwanzigfache bedeutet! Über 90% der ausländischen Studenten kommen aus dem asiatisch-pazifischen Raum.

Die Commonwealth-Regierung regelt die Finanzierung von Universitäten und Colleges of Advanced Education. Studiengebühren wurden 1972 abgeschafft, aber 17 Jahre später schon wieder eingeführt. Ein Student muß je nach Fach jährlich zwischen 2500 und 5500 australische Dollar an Gebühren zahlen, eine Summe, die im Falle einer Stundung nach dem sog. *Higher Education Contribution Scheme* erst dann zurückgezahlt werden muß, wenn die oder der Betreffende ein bestimmtes berufliches Einkommen erreicht hat. Ausländische Studenten zahlen in der Regel die vollen Gebühren. Die Bundesregierung vergibt überdies eine Reihe von Stipendien. Im Finanzjahr 1993/94 gab der Staat auf dem Erziehungs- und Bildungssektor über 22 Mrd. A$ aus, während von privater Seite knapp 6 Mrd. hereinkamen.

Erst in den letzten Jahrzehnten wurde die Weiterbildung von Aborigines als wichtige Aufgabe ins Auge gefaßt. So wurde 1973 ein College of Aboriginal Education – 1975 in Aboriginal Community College umbenannt – geschaffen. Es wird staatlich unterstützt und hat das Ziel, die gesellschaftlichen und beruflichen Integrationschancen der Aborigines zu verbessern. Australien hat sich 1990 mit dem Programm der *Aboriginal Education Policy* (AEP) verpflichtet, alle Möglichkeiten auszuschöpfen, den Aborigines gleiche Bildungschancen zu bieten. Mit einem Aufwand von knapp einer Viertelmilliarde A$ wurden 1995–96 etwa 10000 Tutoren zur Betreuung von 50000 Aborigines eingesetzt, allein die Berufsausbildung von Aborigines wurde in jenem Jahr mit über 500 Projekten gefördert. Staat und Öffentlichkeit geben damit ihrem Willen zur „Wiedergutmachung" eines lange geübten Unrechts auch im Erziehungs- und Bildungswesen Ausdruck.

Wissenswelten

„Noch vor einer Generation schien es, als ob unsere australischen Wissenschaftler hinter denen der großen Nationen hinterher trotteten. Dies jedoch hat sich gründlich geändert. Wir haben nun eine Anzahl von Wissenschaftlern, die, wie ich meine, sich in ihrer Forschung mit jedem anderen in der Welt messen können."
R. G. Casey, 1957 zum Geophysikalischen Jahr (Übers. J. H. V.)

Um die Zeit, da James Cook auf der ersten seiner drei Weltreisen die östliche Hälfte des australischen Kontinents entdeckte, begann ein Paradigmenwechsel in der Erforschung der Natur. An die Stelle der Suche nach dem Wunderbaren und Besonderen traten genaue Beobachtung, Messung und Vergleich. Alexander von Humboldt, angeregt durch Johann Georg Forster, der an der zweiten Reise Cooks 1772–74 teilnahm, gab den Wissenschaften durch seine Untersuchungen und Reisebeschreibungen, in denen die Zusammenhänge von Boden, Klima und Leben untersucht wurden, neue Impulse.

Die Erforschung des Innern Australiens im Laufe des 19. Jh. stand ganz im Zeichen der neuen Wissenschaftlichkeit. Die Biologie wurde neben der Geographie die wichtigste Wissenschaft des neuen Kontinents. Deutsche Expeditionsforscher und Naturwissenschaftler haben dazu einen nicht geringen Beitrag geleistet, unter anderem Karl Alexander von Hügel, Richard Schomburgk, die wagemutige Pflanzensammlerin Amalie Dietrich, der Zoologe Gerhard Krefft und der Paläontologe Wilhelm Blandowski. Zu Recht wird der aus Rostock stammende Ferdinand von Mueller als der größte Wissenschaftler Australiens seiner Zeit gefeiert. Die Grundlagen für die heutige starke Stellung der Biowissenschaften in Australien wurden in jener Zeit gelegt.

Die Astronomie fand am südlichen Himmel ein neues Arbeitsfeld, auf dem sich zwei Deutsche einen Namen machten: der Hamburger Astronom Christian Karl Rümker und der Pfälzer Georg von Neumayer.

Im 20. Jahrhundert richteten die wissenschaftlichen Disziplinen ihr Augenmerk über die Grenzen des Kontinents hinaus, wurden aber umgekehrt auch geologischen und biologischen australischen Besonderheiten wegen stärker als bisher in interkontinentale Forschungsprojekte einbezogen.

Während des Ersten Weltkriegs berief Premierminister W. M. Hughes eine nationale Konferenz ein, deren Ziel die Schaffung eines gesamtaustralischen Instituts zur Förderung von Wissenschaft und Industrie war – damals natürlich aus den kriegsbedingten Engpässen und dem Ziel einer Maximierung der Rüstungsproduktion zu verstehen. Das zu jener Zeit geschaffene Beratergremium wurde 1919 zu einer festen Einrichtung, dem Australian National Research Council. Seine Aufgaben übernahm 1954 die Australian Academy of Science.

Als eine mit konkreten Forschungsaufgaben betraute Institution wurde 1920 das Commonwealth Institute of Science and Industry ins Leben gerufen, an dessen Stelle 1926 das Council for Scientific and Industrial Research (CSIR) trat, das nach dem Zweiten Weltkrieg als Commonwealth Scientific and Industrial Research Organisation (CSIRO) für die meisten Wissenschaftsbereiche zuständig war, ausgenommen nur Medizin, Verteidigung und Atomwissenschaft.

Die Zusammenarbeit australischer wissenschaftlicher Institutionen, Universitäten und Organisationen auf internationaler

Ebene erfuhr in der zweiten Hälfte des 20. Jahrhunderts einen beachtlichen Aufschwung, nicht zuletzt dank des Luftverkehrs und der Revolution im Bereich der Kommunikation. In manchen Disziplinen steht die australische Forschung heute mit an der Spitze in der Welt, so in der Biologie, Medizin und Astronomie. Observatorien wie auf Mount Stromlo, Siding Springs oder in Parkes leisteten und leisten Pionierarbeit in der Erforschung der entferntesten Sternenwelt.

Australien ist Gastgeber vieler internationaler wissenschaftlicher Kongresse und Konferenzen, die sich fruchtbar auf die dortige Forschung auswirken. Nicht selten wundern sich unvorbereitete Wissenschaftler der „alten Welt", inklusive Deutschlands, über den hohen Stand der Forschung und Entwicklung auf dem Fünften Kontinent und beweisen damit nur ihre eigene Rückständigkeit!

Nobelpreise für Australier

1915 teilten sich den Nobelpreis für Physik Sir William Henry Bragg und sein Sohn Lawrence für ihre Forschungen zur Kristallstruktur.

1945 erhielt Lord Howard Florey zusammen mit Fleming und Chain den Preis für Medizin für die Entdeckung von Penicillin.

1960 bzw. 1963 wurde den Medizinern Macfarlane Burnet und John Eccles die begehrte Auszeichnung verliehen.

1973 stellte Australien den Nobelpreisträger für Literatur. Patrick White wurde für sein Romanwerk geehrt (s. S. 126).

1975 ging der Nobelpreis für Chemie an ein Forscherteam mit dem australischen Chemiker John Cornforth.

1996 war der Mediziner Peter Doherty der bisher letzte in der Reihe der australischen Nobelpreisträger.

Künstlerisches Schaffen

„Unentwirrbar verbunden mit der hierher verpflanzten europäischen Kultur sind unsere Erfahrungen mit der australischen Umwelt. Wie weit wir uns verändert haben und diese Umwelt sich,
und wir durch den Kontakt darauf reagiert haben, das zu verstehen verlangt unsere eigene Ehrlichkeit. Solch ein Verstehen kann
auch nur durch die Kultur ihren Ausdruck finden. Um aber eine
phantasievolle Wahrheit zu erreichen, müssen unsere Dichter und
Maler die Kultur der Aborigines mit Fleiß studieren, was anfangs
weit entfernt ist von den einnehmenden und beherrschenden Gegebenheiten modernen europäischen Lebens."

Rex Ingamells, 1938.

Kulturelles Selbstverständnis

Die Entwicklung zu einer nationalen Identität auf kulturellem
Gebiet, die Lösung von kolonialer Bevormundung und den Einflüssen Englands und die damit verbundene Entstehung eines
postkolonialen Selbstbewußtseins vollzog sich in Schüben, die mit
der inneren Entwicklung wie äußeren Einflüssen im Zusammenhang standen. Ende des 19. Jahrhunderts glaubte man im abge-
schiedenen Leben in unberührter Landschaft, im *bush*, im Kampf
gegen lebensbedrohliche Elemente, in Härte gegen sich selbst und
in *mateship* (Kameradschaft) gegenüber anderen das „Typische"
des Australiers ausgemacht zu haben. Die 1880 in Sydney gegründete Zeitschrift *Bulletin* verbreitete ein entsprechend formuliertes Selbstbewußtsein. Die rassistische *White Australia Policy*,
mit der seit Beginn des 20. Jh. eine Einwanderung aus dem be-
nachbarten Asien unterbunden wurde, sollte dazu beitragen, daß
Australiens Bevölkerung sich nicht allzu weit von der des Mutterlandes entfernte.

Die Zeit der Weltkriege schien die Verbindung zu den Britischen Inseln – auch die kulturelle – noch zu verstärken; doch der
Schein trog. Die ANZAC-Feiern am 25. April 1916, dem ersten
Jahrestag der strategisch gesehen unsinnigen Landung des Australian New Zealand Army Corps in Anzac Cove, Gallipoli, in
den Dardanellen, wurden im Laufe der Jahrzehnte zu einem lan-
desweiten Ritual, das im Commemoration Shrine in Melbourne
und im War Memorial in Canberra und in vielen anderen Denk-

mälern auf dem Kontinent architektonischen Ausdruck fand. Obgleich die Landung 1915 ein von der britischen Führung verplantes und totgeborenes Unternehmen war, wurde es in den ANZAC-Feiern ebenso wie in der Literatur und den Künsten als die „Feuerprobe" des jungen Australien gefeiert, die seinen Einstieg in den „Rang der Mächte" markiere.

Mit einer forcierten Einwanderungspolitik, die nach 1945 nicht mehr vorwiegend auf britische Einwanderer zurückgriff, sondern ein neues Reservoir in den heimatlos gewordenen *Displaced Persons,* Flüchtlingen, Asylanten auf dem europäischen Kontinent vorfand, wurden auch neue kulturelle Elemente und andersartige Traditionen nach Australien getragen, die neben den vorherrschend anglo-irischen an Einfluß gewannen und zunehmend Kultur und Lebensweise beeinflußten.

Als seit Ende der 60er Jahre die *White Australia Policy* über Bord geworfen wurde und Farbigen aus Asien und den pazifischen Nachbarländern die Tore geöffnet wurden, verlor auch das bisher vorherrschende kulturelle Selbstverständnis, eine weiße Nation anglo-irischer, also europäischer Abkunft zu sein, an Überzeugungskraft. So paradox es klingen mag: Australien fand damit zu seinen eigentlichen Ursprüngen zurück, da es nunmehr auch die einheimischen „schwarzen" Aborigines als die „ersten Australier" und damit als Teil der eigenen Gesellschaft entdeckte. Die Einbeziehung der Aborigines ins kulturelle Bewußtsein ist ein Prozeß, der vor einem Vierteljahrhundert begonnen hat und noch längst nicht abgeschlossen ist. Das multikulturelle Selbstverständnis der heutigen Australier liegt nicht nur – wie beipielsweise in England oder Deutschland – in der Aufnahme fremder ethnischer Gruppen begründet: es ist das Ergebnis einer Besinnung auf die Ursprünge der Gesellschaft im Lande selbst und einer Respektierung der nachbarschaftlichen Umwelt im asiatisch-pazifischen Raum.

Die Zeit ließ sich mit antiquierten Idealvorstellungen nicht anhalten. Überholt ist heutzutage der Mythos vom typischen Australier, robust, männlich, allen Gewalten in Natur und Gesellschaft trotzend. Inzwischen weiß man auch – was man schon immer hätte wissen können –, daß die australische Frau nicht weniger tapfer und robust war als ihr männliches Gegenstück, nur daß sie in der Pionierzeit alle Härten weniger geräuschvoll als die

Männer ertrug. Mit der Emanzipation der australischen Frau ging deshalb auch die „Demontage" der Legende von australischer Männlichkeit einher. Der Paradigmenwechsel hätte nicht krasser ausfallen können.

Im letzten Viertel des 20. Jahrhunderts hat die Einbeziehung anderer als anglo-irischer und europäischer Verhaltensweisen und Überlieferungen, wie auch die „Entdeckung" der Kultur der Aborigines, das kulturelle Bewußtsein der Australier grundlegend gewandelt. Es wird in einem Konglomerat gefunden, das aus einem ursprünglich anglo-irischen Substrat hervorgegangen ist, aber mit kontinental-europäischen Einflüssen durchsetzt ist, in das die kulturelle Überlieferung der Aborigines eingewoben wird, und in das auch völlig neue asiatisch-pazifische Elemente aufgenommen werden.

Die Abkehr von einem simplen „typisch australischen" Idealbild zu einem multikulturellen Selbstverständnis ist jetzt in allen Bereichen des kulturellen Schaffens und Lebens zu beobachten: in der Literatur, der bildenden Kunst, der Musik und in den Medien.

Die Literatur

Es dauerte nach Beginn der Landnahme eine geraume Zeit, bis sich in dem als Strafkolonie verschrieenen Neu-Holland Ansätze eines kulturellen Lebens entwickelten. Einzelfälle literarischer Betätigung gab es allerdings schon relativ früh. So veröffentlichte Barron Fields 1819 eine Sammlung von Gedichten, die er treffend *First Fruits of Australian Poetry* nannte. Im Laufe des 19. Jahrhunderts gewannen Dichtungen, wie die von Charles Harpur und Henry Kendall ein zunehmend australisches Gesicht, das in Adam Lindsay Gordons *Bush Ballads and Galloping Rhymes* (1870) charakteristischen Ausdruck fand. Einen Höhepunkt stellten dann die Erzählungen von Henry Archibald Lawson dar, veröffentlicht unter anderem in *While the Billy boils* (1896). Andrew Barton („Banjo") Paterson fand mit seinen Balladen einen großen Widerhall, so mit seinem *The Man from Snowy River and other Verses* (1895).

Den ersten Roman in der Weltliteratur über Australien schrieb in Deutschland Therese Huber unter dem Titel *Abentheuer auf einer Reise nach Neu-Holland* (1793), der erst 1966 ins

Englische übersetzt wurde. Auf australischem Boden entstand 1831 Henry Saverys Roman *Quintus Servinton*. Markus Clarke weckte 1870–72 noch einmal traumatische Erinnerungen an die Deportationszeit mit seinem Buch *His Natural Life,* einem Titel, dem man nach seinem Tode die Worte „*For the Term of...*" voransetzte, womit das Urteil „lebenslänglich" ausgedrückt wurde.

Die Einwanderer-Trilogie *The Fortunes of Richard Mahony* (1917–1929) schrieb eine Frau: Ethel Florence Lindsay Robertson, die den Roman unter dem Pseudonym Henry Handel Richardson auf den Buchmarkt brachte. Das Schicksal einer Aboriginal Frau schilderte Katharine Susannah Prichard in *Coonardoo* (1929).

Eine weltweite Anerkennung australischer literarischer Originalität war die Verleihung des Nobelpreises für Literatur an Patrick White im Jahre 1973, dessen Romane, v. a. *The Tree of Man* (1955, dt. „Zur Ruhe kam der Baum des Menschen nie"), *Voss* (1957), *Riders in the Chariot* (1964), *The Solid Mandala* (1966) als Werke von Weltrang eingeschätzt wurden.

Patrick Whites Werke sind nur die Spitze einer in der Nachkriegszeit einsetzenden, die ganze zweite Jahrhunderthälfte andauernden schöpferischen Phase des literarischen Lebens in Australien. Nachdem sich Thomas Keneally mit seinem Roman über das frühe Sydney *Bring Larks and Heroes* (1967) einen Namen gemacht hatte, schrieb er mit seinem Buch *Schindler's Ark* (1984) (auf deutsch *Schindlers Liste*) ein Werk, das in der Verfilmung durch Steven Spielberg ein Millionenpublikum in der ganzen Welt erschütterte.

Stimuliert und bereichert durch den fast ein Vierteljahrhundert andauernden Einwanderungsstrom und durch die Öffnung nach innen und außen nach dem Zweiten Weltkrieg, in deren Gefolge auch eine um die Moral besorgte Zensur abgeschafft wurde, hat die zeitgenössische australische Literatur eine beachtliche Schar außergewöhnlicher Schriftsteller aufzuweisen, die sich thematisch ebenso mit neuen Einflüssen aus aller Welt wie mit den überkommenen australischen Gegebenheiten auseinandersetzen. Zu den gegenwärtig bekanntesten gehören: Helen Garner, Elizabeth Jolly, David Malouf, Archie Weller, Tim Winton, Peter Carey, und Rodney Hall, Les Murray, A. D. Hope, Judith Wright, Gwen

Harwood, um nur einige zu nennen. Eine große Leserschaft verschiedener Sprachen fesselte Colleen McCullough mit ihrem Rührseligkeit atmenden Roman *The Thorn Birds* (1977), der auch über Kinos und Fernsehschirme ein Millionenpublikum erreichte.

Die Lyrik von Einwanderern aus verschiedenen Erdteilen hat die australische Literaturszene aufgewühlt und mitgeholfen, von alten Idolen und Idealen loszukommen. Die literarisch verarbeiteten Probleme der Neuankömmlinge sind zumeist auch *„eye openers“* für die Alteingesessenen. Die Schwierigkeiten, sich in einer neuen kulturellen Umgebung zurechtzufinden, beschreibt aus italienisch-australischer Sicht Gianfranco Cresciani in *Migrants or Mates* (1988). Gelegentlich machen Lyriker von ihrer Zweisprachigkeit Gebrauch, wie der griechisch-australische Lyriker Dimitris Tsaloumas in seinem griechisch-englischen Band *The Observatory* (1983). Der in Deutschland gebürtige Manfred Jurgensen hat seine Erfahrungen aus der europäischen Welt vielfach mit denen in Australien verknüpft und so eine verinnerlichte Form seiner Migrationserfahrung gefunden.

Auch asiatisch-pazifische Lebenswelten und Kulturen haben thematisch in die australische Literatur Einzug gehalten: Mena Abdullah schrieb eine Reihe von Geschichten, die sich von ihrer indischen Heimat zur australischen Lebenswelt spannen und zusammengefaßt in ihrem Buch *Time of the Peacock* (1965) veröffentlicht wurden.

Dieser durch die Einwanderung ausgelöste Wandlungsprozeß wird duch eine andere, gleichsam inneraustralische Erscheinung ergänzt. Was noch vor einigen Jahrzehnten keinerlei Stellenwert in der Kulturgeschichte Australiens besaß, hat inzwischen Beachtung und Anerkennung gefunden: In den Gesängen, Märchen und Legenden der Aborigines kommt ein kollektives Bewußtsein zum Ausdruck, in dem es um die Verbindung der Menschen untereinander geht, der Gruppen zu den Kräften der Natur, auf ihr Verhältnis zum Land, das die Existenz ermöglicht und zu den *Sacred Sites,* den heiligen Stätten, an denen wirkende Mächte beschworen werden. *Alcheringa* (englisch *„Dreamtime“*), die ewig und unverändert bleibende Vergangenheit, ist die Welt, mit der sich die Überlieferung befaßt. Die ursprünglich nur mündlich tradierten Sagen, Märchen und Legenden – es gab keine Schriftsprache –, die bei den einzelnen Gruppen sehr verschieden sind, werden seit einiger Zeit in den Sprachen der Aborigines gesammelt.

Jüngeren Datums sind Darstellungen auch auf Englisch. Während die frühen Ethnologen nach dem „ursprünglichen" Inhalt suchten, zeichneten spätere die Geschichten und Erzählungen der Aborigines auch nach ästhetischen Gesichtspunkten auf, wie z. B. die von C. H. Berndt herausgegebenen Sammlungen (*Oceania*, 1952, *Love Songs of Arnhem Land*, 1976 und *The Land of the Rainbow Snake*, 1979). Rodney Halls Anthologie (*The Collins Book of Australian Poetry*, 1981) begann eine Reihe von Anthologien übersetzter, der Tradition verbundener Lyrik der Aborigines.

Oodgeroo Noonuccal (die sich anfangs Kath Walker nannte) brach das Eis für die moderne Aboriginal Lyrik mit ihren Gedichtbänden *We are Going* (1964) und *The Dawn is at Hand* (1966). Seit den 80er Jahren wurde eine Flut von Aboriginal Literatur aller Genres veröffentlicht, wobei zwei literarische Themenbereiche dominieren: zum einen Lebensbeschreibungen, die mit Janet Mathews Geschichte des Jimmie Barker begann: *The Two Worlds of Jimmie Barker – the Life of an Australian Aboriginal 1900–1972* (1977), und zum andern historisch-politische Darstellungen von Auseinandersetzungen mit der jahrhundertelangen Unterdrückung und ihren Nachwirkungen bis in die Gegenwart, wie Faith Bandler sie in *Turning the Tide* (1989) beschreibt. Einer der ersten Aborigines, die mit ihrer Geschichte das weiße Lesepublikum erreichten, war Kevin Gilbert. Er schrieb bereits 1977 *Living Black. Blacks Talk to Kevin Gilbert*. Die Literatur der Aborigines übt spätestens seit der ersten *National Aboriginal Writers' Conference* im Jahre 1983 vorrangig die Funktion einer politischen Waffe in ihrem Ringen um Recht und Gerechtigkeit aus.

Musik und Tanz

Musik und Tanz der Aborigines haben rituellen Charakter und gehen auf uralte Traditionen zurück. Ihre erst späte Erforschung mag durch eine Tabuisierung erschwert gewesen sein, was jedoch nicht ihre so lange währende Geringschätzung durch die Ethnologie erklärt. Eine erste westliche Tonsetzung war *A Song of the Women of Menero*, die John Lhotsky im Jahre 1834 veröffentlichte. Der deutsche Arzt Hermann Beckler gab 1858 eine relativ

Die rituellen Tänze der Aborigines
waren schon fast vom Vergessen bedroht

frühe ausführliche Beschreibung und Interpretation eines solchen Kulttanzes, den die Aborigines *corroboree* nennen.

Der rituelle Tanz der Aborigines und Torres Strait Islanders ist inzwischen als kulturelles Erbe anerkannt und ins allgemeine Musikleben integriert worden. Unter der Ägide des „Aboriginal Islander Dance Theatre" (AIDT) wird der traditionelle Tanz auch öffentlich aufgeführt, gefördert mit Mitteln der National Aboriginal Skills and Developments Association (NAISDA). Die traditionellen, hölzernen Musik- und Rhythmusinstrumente werden inzwischen auch in Europa immer beliebter, allen voran das *didgeridoo*.

Das europäisch bestimmte australische Musikleben erfuhr erst seit 1850 einen Aufschwung. Internationalen Ruhm gewannen die Sängerinnen Nellie Melba (1861–1931) und Joan Sutherland

Corroboree – eine ergreifende Musik

„Nahe an Mitternacht, als ich lesend im Bette lag, hörte ich auf einmal sonderbare musikalische Laute, die in den Brettern meiner Zimmerwand zu entstehen schienen. Dann war es wie das Summen einer großen Fliege. Ich lauschte, es war ein Gesang der Wilden. Ich sprang aus dem Bette und öffnete die Hintertüre meines Hauses. Da sah ich über dem Flusse, eine Viertelmeile direkt von meiner Wohnung, den *Camp*. Ein brennender Baum, buchstäblich eine hohe Feuersäule, leuchtete und prasselte durch die stille dunkle Nacht, und der Wind brachte den erhabenen, melancholischen Choral der Wilden zu mir herüber. Gemeine Leute vergleichen diese Gesänge zu dem wilden regellosen Blärren einer Herde von Ochsen. Wenn ich Dir aber sage, daß der beste Kapellmeister nicht besser Ton und Takt hält, so wirst Du mir glauben. Es müssen viele gewesen sein. Wenn es tausend wären, würde keiner einen Fehler machen. Hier gebe ich Dir die Melodie dieses nächtlichen Chores, der mich mehr ergriff, als alle andere Musik, die ich in Australien hörte." [Es folgen Notenangaben.]

Aus: Hermann Beckler, Brief vom 9. April 1858 aus Warwick, Queensland. In: Entdeckungen in Australien. Briefe und Aufzeichnungen eines Deutschen 1855–1862. Hg. von Johannes H. Voigt. Stuttgart 2000.

(*1926). Auch eine Reihe australischer Komponisten hat Weltgeltung erlangt, so Percy Grainger, Larry Sitsky, Peter Sculthorpe, Richard Meale und die während der NS-Zeit aus Deutschland vertriebenen Felix Werder und George Dreyfus.

Das Ballett wird vielerorts gepflegt. Am bekanntesten ist das Australian Ballet, das 1961 mit Dame Peggy Van Praagh als Direktorin gegründet wurde. Ihr Nachfolger wurde der international bekannte Sir Robert Helpmann. Der Komponist Peter Sculthorpe schuf in seinem Werk *Edge of the Sacred* eine Interpretation des australischen Kontinents, seiner Geschichte und Zukunft im *Festival of the Dreaming* (1997) zur Einstimmung auf die Olympiade 2000.

Last but not least kann australische Popmusik mit inzwischen auch international bekannten Gruppen aufwarten, mit Crowded House, Midnight Oil, Hoodoo Gurus oder den Yothu Yindi, eine Aboriginal Gruppe, die an die autochthone Musik anknüpft und sich auch politisch für die Sache der Aborigines einsetzt.

Traditionelle Kunst der Aborigines

Die Aborigines hatten keine Schrift, sie gaben Mythen, Wissen, Glauben, Alltag in ihrer Malerei wieder: In Fels- und Höhlenzeichnungen, die zum Teil Tausende von Jahren alt sind, Zeichnungen im Sand für rituelle Zwecke, malerischen Verzierungen von Schnitzwerken, Waffen und Geräten (z. B. des Bumerangs), Bemalungen des menschlichen Körpers, getrockneter Baumrinde (Borke) und ausgehöhlter Sargstämme. Es dominieren die Naturfarben Schwarz, Weiß, Gelb und Rot, gelegentlich auch Grün-Blau, stets im Rahmen der stilistischen Merkmale einzelner Stämme und Gruppen.

Seit vor etwa zwei Jahrzehnten die Werke der Aborigines aus der ethnologischen Nische herauskamen und auch in US-amerikanischen und europäischen Galerien als „große Kunst" entdeckt wurden, hat die Regierung mit großen Summen Ausstellungen, Förderprogramme und Kunsthandwerkszentren unterstützt – sicher nicht nur um der Kunst willen. Heute folgen Aboriginal Künstler, vom lukrativen Kunst- und Tourismusmarkt angelockt, neben der alten rituellen auch moderner, individueller Gestaltung, tauschen die Naturfarben gegen Öl- und Acrylfarben aus und wählen statt Borke und Felsblock nunmehr Leinwand und Sperrholzplatte als Malgrund. Für viele bedeutet die Produktion für den Kunst- und Souvenirmarkt eine neue Einnahmequelle, die für sie allerdings weitaus schwächer sprudelt als für die Zwischenhändler.

„Westlich orientierte" Malerei

Als Vater der australischen Landschaftsmalerei gilt Conrad Martens, der in London geborene Sohn eines Hamburger Kaufmanns und einer Engländerin, der 1835 nach Australien auswanderte. Der von der Romantik geprägte kontinentaleuropäische Stil ist aber mehrfach nach Australien getragen worden. Johann Eugen Guerard kam aus Wien, Abram Louis Buvelot aus der Schweiz, und Nicholas Chevalier entstammte der Ehe eines Schweizers mit einer Russin.

Beeindruckt vom Impressionismus in Europa suchte eine Gruppe von Malern mit Tom Roberts an der Spitze eine Ausdrucksweise, die als typisch australisch gelten konnte. Die Heidelberg School – benannt nach einem Vorort von Melbourne – fand in den Lichtverhältnissen des Kontinents Eigentümlichkeiten, die zum Charakterstikum ihrer *Plein air*-Kunst wurde. Frederick McCubbin, Arthur Streeton und Charles Conder wurden die Repräsentanten dieser Gruppe. Einen Höhepunkt erreichte die Heidelberg School im 20. Jahrhundert mit dem in Hamburg geborenen Hans Heysen. Expressionismus und Surrealismus fanden in Australien ihr Hauptthema in der Verlorenheit des Menschen in einer unfreundlichen Umwelt. Russell Drysdale und Sidney Nolan waren Vertreter dieser Richtung.

Die der abstrakten Kunst verhaftete westliche Kunstwelt nahm die auf moderne Art entstandenen, aber inhaltlich mit traditionsreicher Symbolik und Abstraktion gefüllten modernen Werke der Aborigines als Neuentdeckung begeistert auf, die zudem noch das Prestige besitzt, sich auf die älteste, aber immer noch mit Leben erfüllte Kunsttradition der Menschheit zu stützen. Namen wie Maxie Tjampitjinpa, Mick Magani, Gunbuna und andere sind über die Grenzen Australiens hinaus bekannt geworden. Von Picasso sind die Worte überliefert, mit denen er ein Borkenbild von Yirwala, einem Maler des im Arnhemland beheimateten Gunwing-Clans, beurteilte: „Das ist es, was ich mein ganzes Leben zu erreichen versucht habe!"

Vor einigen Jahrzehnten war der Weg zur Anerkennung noch ein umgekehrter: ein Aborigine, der Maler Albert Namatjira (1902–1959), fand Anerkennung in der Kunstwelt, weil er sich der europäischen Kunst angenähert hatte, Perspektive in seine Landschaftsbilder hineinbrachte und Leinwand, Öl- und Wasserfarben benutzte.

Skulptur

Die Bildhauerkunst gilt als das Aschenbrödel der bildenden Künste Australiens. Anderthalb Jahrhunderte nicht als Kunst gewürdigt wurden die Werke der Aborigines, die nicht nur ihre Waffen und Geräte verzierten, sondern auch sakrale Objekte in Stein und Holz und die als Sarg dienenden ausgehöhlten Baumstämme oft mit Einkerbungen und Farbe schmückten. Die Variationen, zumeist mit dem Totem eines Stammes verknüpft, sind sehr vielfältig.

Erst um die Mitte des 19. Jh. ist ein europäisch ausgebildeter professioneller Bildhauer auf dem Kontinent auszumachen: der aus Deutschland stammende Emil Todt, der die Goldgräberzeit in seiner Zweiergruppe „The Diggers" (1854) festhielt. Thomas Woolner, der um diese Zeit in Australien eintraf, schuf das Standbild von James Cook im Hyde Park von Sydney. Die erste, ganz auf australischem Boden hergestellte Skulptur ist die Bronzegruppe von Burke und Wills in Melbourne, geschaffen von Charles Sumner. Gegen Ende des 19. Jahrhunderts wurde vom Italiener Achille Simonetti die große Statue von Arthur Phillip im Botanischen Garten von Sydney geschaffen.

Erst nach dem Zweiten Weltkrieg konnte sich die australische Skulptur aus der europäischen Verklammerung lösen. Lilian Daphne Mayo schuf mit ihrem „Olympian" ein vielbeachtetes Werk, das als typisch australisch gilt. Bemerkenswert ist die Zahl australischer Bildhauerinnen, die sich einen Namen machten.

Die ungewöhnlichen, oft abstrakten Schöpfungen lösten viele Debatten unter den Künstlern aus, an denen eine breite Öffentlichkeit lebhaften Anteil nahm. Nicht ohne Reibungen und Widerstände konnte der Stuttgarter Otto Herbert Hajek seine Gestaltung der Festival Plaza in Adelaide durchsetzen, die 1977 eingeweiht wurde. Sie besteht aus einem bunt bemaltem Beton-Arrangement und stellt nach den Worten des Künstlers die größte Skulptur auf der südlichen Hemisphäre dar, auch wenn sie mehr an ein architektonisches Werk gemahnt.

Architektur

Europäischerseits begann in der Kolonialzeit erst 1810 unter Gouverneur Lachlan Macquarie eine beispiellose Bautätigkeit in Sydney. Der führende Architekt war Francis Greenway, den ein Gerichtsurteil 1814 nach Australien verbannt hatte. An Klassizismus und Neogotik lehnen sich die Baustile der viktorianischen Zeit an, wobei neue Techniken und Materialien wie Gußeisen und Glas Bauweise und -formen beeinflußten. Damals entstanden die bedeutendsten Gebäude in Sydney und Melbourne.

Nach dem Zweiten Weltkrieg suchte man nach einem typisch australischen Baustil. In Brisbane entwarfen und bauten Architekten moderne Häuser im sogenannten Queensland-Stil, während die Sydney School in ihrem Raum um eine andere typisch

Perth, die Hauptstadt von Western Australia,
hat eine ganz moderne Skyline

australische Form bemüht war. Dennoch, dem globalen Einfluß konnten sich auch Australiens Architekten nicht entziehen. Mit Kühnheit entwarf der Däne Joern Utzon das Operngebäude in Sydney, das 1973 fertiggestellt wurde und inzwischen zu einem Wahrzeichen Sydneys und Australiens geworden ist.

Die im 20. Jahrhundert vom Amerikaner Walter Burley Griffin entworfene Hauptstadt Canberra folgte traditionellen Bauweisen, war aber der Einbeziehung und Veränderung der Landschaft wegen ein „großer Wurf". Die Stadt erhielt seit den 50er Jahren zahlreiche markante Gebäude: die Academy of Science (1959), als Iglu gebaut von Roy Grounds, die neo-klassizistisch anmutende National Library (1968) von Banning und Madden, ferner das High Court-Gebäude (1980) und die neue Art Gallery (1982). Das neue, 1988 eingeweihte und tief in den Hügel gebaute Parlamentsgebäude wurde von Richard Thorpe entworfen. Gegenwärtig erhält Sydney durch die in Homebush Bay auf großem Raum entstehenden Stadien für die Olympiade eine neue, nur Sport und Freizeit dienende architektonische Facette. Hoch hinaus will die Stadt Melbourne: nach Plänen des Bauunternehmers Bruno Grollo soll dort ein 560 m hohes Gebäude enstehen, das dann das höchste der Welt sein wird.

Der australische Film

Wer in Europa weiß schon, daß Pioniere der Filmkunst in Australien zu suchen sind? Seit 1895 wurden dort Filme gedreht und vorgeführt. Der 1906 entstandene Streifen *The Story of the Kelly Gang* gilt als der erste Spielfilm in der Weltgeschichte des Films. In den fünf Jahren danach wurden in Australien mehr Filme als in jedem anderen Land der Erde produziert. In zwanzig Jahren entstanden 150 Spielfilme. Mit restriktiven Gesetzen, einer strengen, vorgeblich die Gesellschaft vor „Unmoral" schützenden Zensur und mit der Weltwirtschaftskrise wurde das Filmschaffen nach seinem verheißungsvollen Anfang abgewürgt. Die Flaute dauerte bis in die 60er Jahre an.

Erst 1969 wurde vom Australian Council for the Arts (jetzt Australia Council) eine tat- und finanzkräftige Unterstützung für die Filmindustrie angekündigt, so daß in den 70er Jahren eine Neubelebung einsetzte. Der Umschwung folgte einem öffentlichen Drängen nach Abschaffung der Zensur, die einer freieren Entfaltung und Darstellung im Wege stand und der Öffnung in anderen Nationen hinterherhinkte.

Das Ergebnis dieser Neuorientierung schlug sich z. B. in den international beachteten Filmen von Tim Burstall und Bruce Beresford nieder: *Stork* (1970), *The Adventures of Marrie McKenzie* (1972), *Don's Party* (1976). Eine ganze Reihe der Themen waren Stoffe der australischen Geschichte, wie Peter Weirs *Picnic at the Hanging Rock* (1975) oder Bruce Beresfords *Breaker Morant* (1980). In den 80er Jahren wurden große internationale Erfolge erzielt, so mit dem Film *Crocodile Dundee* (1986) mit Paul Hogan und Linda Kozlowski. Der Film *The Adventures of Priscilla, Queen of the Desert* (1995) bezauberte mit seiner Ironie nicht nur das australische, sondern auch ein großes internationales Publikum.

Die Medien

Die Presse

Australier, so heißt es, sind notorische Zeitungsleser. Das mag historisch bedingt sein: die Ferne vom Herkunftsland hielt das Bedürfnis wach, zu erfahren, was im weit entfernten, oft von Kriegen heimgesuchten und durch politische Umwälzungen sich verändernden Europa geschehen war oder sich gerade zusammenbraute. Die Zeitungen spielten in der Formulierung der politischen Anliegen, Ziele und Kontroversen auf dem Kontinent eine bedeutende Rolle, zumal die Nachrichten, wenn auch mit einiger Verspätung, im fernsten *Outback* stets mit Ungeduld erwartet wurden.

Eine unabhängige Presse entwickelte sich nur langsam, weil die Regierung in einer Strafkolonie mehr als anderswo alle öffentliche Meinung kontrollieren zu müssen glaubte. Die erste Zeitung, die *Sydney Gazette and New South Wales Advertiser*, gegründet 1803, war denn auch ein wöchentlich erscheinendes Regierungsblatt mit öffentlichen Bekanntmachungen und Anzeigen. Das erste unabhängige Organ war *The Australian*, der seit 1824 in seinen Spalten für politische Reformen eintrat. Aus der 1831 gegründeten Wochenzeitung *Sydney Herald* wurde 1840 ein Tageblatt, das 1842 in *Sydney Morning Herald* umgetauft wurde und unter diesem Namen noch heute erscheint.

Nach dem Ersten Weltkrieg begannen sich Zeitungsgesellschaften und -ketten zu bilden: es setzte ein Prozeß der Konzentration ein. Gab es 1903 in den Hauptstädten der Staaten noch 21 große Tageszeitungen, die in der Hand von 17 Gesellschaften waren, so war bis 1950 die Zahl der „Großen" auf 15 geschrumpft, die von 10 Gesellschaften herausgegeben wurden.

Gegenwärtig gibt es 38 regionale Zeitungen und 138 Vorortblätter. An Auflagenzahl stand 1997 die in Melbourne erscheinende *Herald Sun* vorne an. Zu den einflußreichsten Blättern zählen der *Sydney Morning Herald*, die *Age* (in Melbourne) und an dritter Stelle *The Australian*. Unter den Wochenzeitungen hat der *Sunday Telegraph* in Sydney die höchste Auflage. An Illustrierten (*magazines*) von allgemeinem Interesse gibt es dreißig, dabei verzeichnete Mitte 1996 *Woman's Weekly* mit 994000 Exemplaren die höchste Auflage.

Die Vielfalt der Presse mag beeindrucken, täuscht aber darüber hinweg, daß sie in wenigen Händen konzentriert ist. Drei Pressegruppen beherrschen den Markt. Allein Rupert Murdoch (News Corporation Ltd.), dem der *Australian* gehört, kontrolliert 66%, daneben stehen Consolidated Press Holdings Ltd (mit *Woman's Weekly*) und John Fairfax Ltd (mit dem *Sydney Morning Herald*).

Der Konzentration im Pressewesen läuft die im Fernsehen parallel, so daß man durchaus von einer australischen „Medien-Oligarchie" sprechen kann.

Das unabhängige, von den Zeitungsverlagen unterhaltene *Australian Press Council* übt eine Art Selbstkontrolle aus.

Rundfunk und Fernsehen

Rundfunkübertragungen begannen 1923. Die *Australian Broadcasting Commission (ABC)* wurde 1932 gegründet, 1983 umbenannt in *Australian Broadcasting Corporation*. Als älteste Fernsehstation strahlt der von der Frank Packer-Presse-Gruppe gesteuerte Privatsender *TCN-9* seit Mitte September 1956 ein regelmäßiges Programm aus. Mit Kosten von etwa einer halben Milliarde A$ unterstützt die Regierung das nationale Fernsehen und den Rundfunk, um einen den ganzen Kontinent umfassenden Empfang zu gewährleisten.

Die vom Commonwealth getragene und unter halbstaatlicher Aufsicht stehende *ABC* ist gehalten, eine sowohl ausgewogene als auch kritische Übermittlung von Nachrichten zu bringen. Das Bestreben der Regierungen, den staatlichen Einfluß zu vergrößern, konnte im allgemeinen abgewehrt werden. 1997 brach ein Disput zwischen dem „Communications Minister" und der *ABC* aus, als die Regierung sich über eine angeblich einseitige Berichterstattung beschwerte.

Etwas, was in der (Medien-)Welt seinesgleichen sucht, ist der *Special Broadcasting Service (SBS)*, mit dem ein multikulturelles und vielschichtiges Programm in den Heimatsprachen der größten ethnischen Einwanderergruppen (1997 waren es 60) sowohl im Rundfunk als auch im Fernsehen angeboten wird. Das 1980 eingeführte und staatlich geförderte ethnische Programm ergänzt das nationale, über zwei Kanäle ausgestrahlte Fernsehen.

Sport

Tradition und Begeisterung

„Jeder Australier verehrt die Göttin des Sports mit tiefster Hingabe. Und es gibt kein Volk in der Welt, das sich so viel Freizeit gönnt."
Edward Kinglake: The Australian at Home, 1891. (Übers. J. H. V.)

Sport ist in Australien großgeschrieben, Freizeit auch. Wettkampffieber liegt, wie man sagt, einem Australier im Blut. „Australiens Nationalhelden sind überwiegend Tennisspieler, Schwimmer und Boxer, oder gar Rennpferde. Wahrscheinlich reichen nur [der Gangster] Ned Kelly und die weitgehend namenlosen Helden von ANZAC [im Ersten Weltkrieg] an die heran, die ihren Ruhm in der Sportarena oder in der Pferderennbahn gewannen", schrieb W. F. Mandle in seiner Geschichte des Sports 1982.

Ursachen und Gründe für die australische Sportbegeisterung gibt es viele. Einmal bieten Raum und Klima vielfältige Möglichkeiten, Sport und Freizeitvergnügen nachzugehen. Zum zweiten ließen die Australier in ihrer Kolonialzeit als *underdogs* keine Gelegenheit vorübergehen, sich den Briten als ebenbürtig oder gar überlegen zu beweisen, aber auch anderen Nationen ihre Kraft und Geschicklichkeit zu demonstrieren. Es war ein Höhepunkt in der australischen Sportgeschichte, als die 1956 in Melbourne abgehaltene Olympiade den Gastgebern nach der Sowjetunion und den USA die dritte Stelle an Medaillengewinnen eintrug.

Ein höchst populärer Traditionssport, der keinen Wettkampf auf Empire- oder internationaler Ebene verlangt, ist das Pferderennen. In Melbourne entwickelte sich aus dem 1861 gestifteten Melbourne Cup das attraktivste und gesellschaftlich bedeutendste Sportereignis des Kontinents. Ihm wurde, gerade nach der staatlichen Einigung 1901, mehr als nur sportliche Bedeutung zugemessen: es wurde zu einem Feiertag. *Cup Day,* heute verlängert zur *Cup Week,* ist ein Ereignis, das die ganze Nation in ihren Bann schlägt. Das Wetten – *punting,* längst nicht nur beim Pferde-

Australian Rules Football folgt seinen eigenen Regeln.
Es wurde von zwei Cricket-Enthusiasten erfunden, um die Kondition
der Cricketspieler auch im Winter zu trainieren.
Jede Mannschaft besteht aus 18 Spielern

rennen – wurde in den 80er Jahren des 19. Jh. institutionalisiert, bringt einen Umsatz von fast 5 Mrd. A\$ und ist somit eine begehrte Einnahmequelle für die öffentliche Hand. Nicht nur die Pferdezüchter und Jockeys geben ihr bestes, auch die Pferde. Das berühmteste Pferd des Kontinents war Phar Lap, das in den 20er Jahren einen Pokal nach dem anderen gewann. Seine Gestalt und sein überdimensional großes Herz können als anatomische Wunder in einem Museum bestaunt werden.

Cricket, das heute noch eine der wenigen lebendigen Klammern des Empire/Commonwealth of Nations abgibt, wurde nach der Überlieferung 1803 zum ersten Mal auf australischem Boden gespielt. Das erste *test match* (von 5 Tagen Dauer) zwischen Briten und Australiern fand 1876 auf englischem Boden statt. Erfolgreichster australischer Cricketspieler war Donald Bradman, der seine Mannschaft in den 30er und 40er Jahren von Sieg zu Sieg führte. Die Krone honorierte dies mit dem Ritterschlag.

Eigene Wege gingen die Australier in der Entwicklung des Fußballs, der einem Europäer ein eher verwirrendes Bild bietet. Der *Australian Rules Football* kam nach 1850 in Victoria auf und blieb eine australische Spezialität. Das Spiel ähnelte mehr dem englischen Rugby als dem sog. *soccer (association game,* dem uns bekannten Fußballspiel), das aber auch durchaus beliebt ist. Die Spielarten *Rugby Union* und *Rugby League* sind heute fest etabliert und locken regelmäßig Zuschauermassen an.

Das ebenfalls aus England stammende Tennis faßte in den 70er Jahren des 19. Jahrhunderts in Australien Fuß. Australier brachten es in diesem Spiel zu großen Erfolgen. In den Jahren von 1950 bis 1970 beherrschten sie die Tenniswelt, was vor allem dem Trainer Harry Hopman zu verdanken war. Margaret Court und Evonne Goolagong Cawley waren damals die herausragenden Spielerinnen. In jüngerer Zeit kam Patrick Rafter unter die Besten der Weltrangliste.

Es ist nicht verwunderlich, daß jede Art von Wassersport in Australien populär ist; verwunderlich ist nur, daß Schwimmen erst nach 1900 ein größeres öffentliches Interesse fand. Das aus Polynesien stammende Kraulen wurde um 1900 in Sydney eingeführt und breitete sich von hier als neue Schwimmdisziplin aus. Australische Schwimmer gehören zur Weltspitze. Ihren ersten Höhepunkt erreichten sie 1956 mit einem Medaillensegen in Melbourne.

Mit dem Schwimmen verbunden sind die *life-guards,* „Rettungsschwimmer", die die Strände überwachen und sich körperlich gestählt – früher mehr beachtet als heute – jährlich in Wettkämpfen öffentlich messen. Eine allgemein hohe Brandung bietet Surfern beste Möglichkeiten, ihre ebenfalls aus Polynesien stammende Kunst zu üben.

Rudern und Segeln zählen zu den beliebtesten Sportarten – Australiens lange Küstenlinie lädt dazu ein. Rudern war seit dem ersten überlieferten Wettkampf 1818 im Hafen von Sydney bis zum Zweiten Weltkrieg eine Sportart, die großes Interesse fand. Segeln, lange v. a. von reichen, der See und der Navy verbundenen Experten gepflegt, wurde nach dem Krieg zum beliebten Breitensport. Das jährliche Wettsegeln von Sydney nach Hobart, das mit dem zweiten Weihnachtstag beginnt, kann sich des öffentlichen Interesses sicher sein; 1999 gewann die dänisch-australische

Yacht „Nokia" in der Rekordzeit von 43 Stunden. Höchsten Seglerruhm verspricht die America's Cup-Teilnahme. Die Yacht „Australia II" entriß 1983 zum ersten Mal seit 132 Jahren den Amerikanern die begehrte Trophäe, was sogar Prime Minister Hawke zu Tränen rührte.

Gemessen an der Bevölkerungszahl findet der australische Golfsport in der Welt größtes Interesse. Australiens Namen auf diesem Gebiet machte Joe Kirkwood nach dem Ersten Weltkrieg international bekannt. Nach dem Zweiten Weltkrieg war es Peter Thomson, der die das Feld beherrschenden Briten herausforderte und besiegte. David Graham war der erste Australier, der 1981 die American Open gewann.

Autorennen sind in Australien populär. Seit 1985 ist das australische Grand Prix-Rennen – abgehalten auf verschiedenen Strecken – zu einem Bestandteil der Weltmeisterschaft geworden. 1988 wurde das amerikanische NASCAR-Rennen bei Melbourne eingeführt. Ein großes Publikum zieht das 1000 km-Rennen am Mount Panorama in Bathurst an, das jedes Jahr im Oktober abgehalten wird.

Last but not least laden die Berge der Australian Alps und in Tasmania zum Skilaufen und -springen im europäischen Sommer ein. Hier haben sich Urlaubsorte entwickelt, die Einheimischen wie Touristen Wettkampf, Erholung und Entspannung bieten. Die Liste der aufgeführten Sportarten könnte unschwer noch ergänzt werden; denn Baseball, Basketball, Bowling, etc. spielen im australischen Sports- und Gesellschaftsleben eine bedeutende Rolle. Alle Aktivitäten, die der Fitness dienen und mit Wettkampf verbunden sind, fanden und finden in Australien begeisterte Aufnahme.

Olympics 2000

1956 stand Australien im Zentrum des sportlichen Weltinteresses, als die Olympischen Spiele in Melbourne abgehalten wurden. Die am 16. September des Jahres 2000 in Sydney beginnende Olympiade und die im Oktober folgenden Paralympics sind nicht nur für die Sportler, sondern auch für alle Bau- und Planungs-Behörden eine große Herausforderung. Es werden 10 200 Sportler aus aller Welt erwartet; das Stadion in Homebush Bay mit

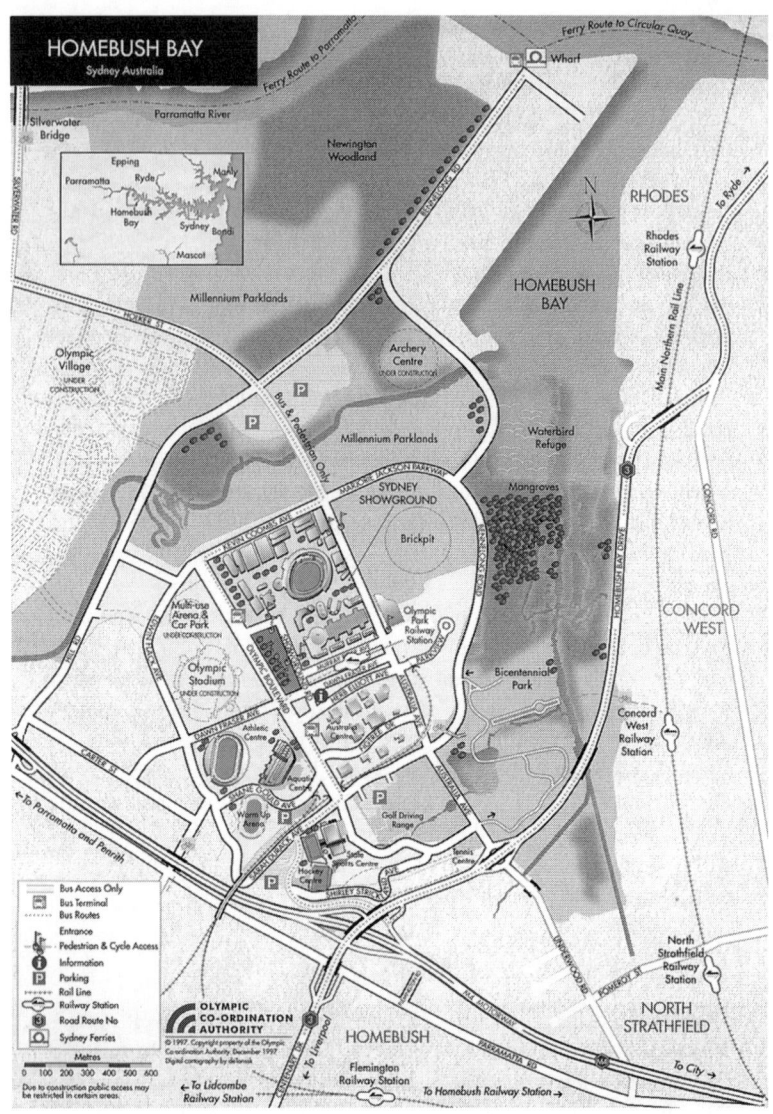

Karte des Olympischen Parks im Homebush Bay für die Spiele 2000

110 000 Sitzplätzen präsentiert sich als das größte in der Geschichte der Olympischen Spiele; 50 000 freiwillige Helfer werden im Einsatz sein. Weil die Olympischen Spiele vor allem ein Medienereignis sind, wurden schon 1995 die Fernsehrechte vergeben: die amerikanische Gesellschaft NBC erwarb sie für eine Milliarde Australische Dollar.

Die Olympischen Spiele sind auch eine kulturelle Herausforderung. Die multimedialen *Olympic Arts Festivals* präsentier(t)en über vier Jahre hinweg Australiens vielfältiges Kunstschaffen und wollen auf das große sportliche Ereignis einstimmen: 1997 *„The Festival of the Dreaming"*, das Eingeborenenkunst der ganzen Welt mit Schwerpunkt der Aborigines präsentierte; 1998 *„A Sea Change"* , das die Bereicherung der australischen Kunst durch die Einwanderer zum Thema hatte; 1999 *„Reaching the World"*, das die Verbindung des Fünften Kontinents zur übrigen Welt demonstrierte, und im Jahr 2000 *„Harbour of Life"*, mit australischer Kunst und Unterhaltung für die Besucher der Olympiade.

So wird mit dem Sport auch endlich Australiens multikulturelles Leben und Selbstbewußtsein ins Blickfeld der Weltöffentlichkeit gerückt.

Die in Australien heimischen Koalas sind extrem wählerisch:
sie mögen nur ein halbes Dutzend der rund 600 Eukalyptusarten

ANHANG

Australien auf einen Blick

Offizieller Name: Commonwealth of Australia

Staatsform: Konstitutionelle Monarchie: die englische Königin ist Königin von Australien, vertreten durch den Generalgouverneur. Der Bundesstaat besteht aus sechs Einzelstaaten und zwei Terriorien

Fahne: Blaues Feld mit dem britischen Union Jack im oberen Viertel nahe der Zugleine, darunter ein großer Stern mit sieben Zacken und den Sternen vom Kreuz des Südens

Wappen: Die Wappen der Einzelstaaten, zusammengehalten durch ein Hermelinfell, das die Einheit in einem Bundesstaat symbolisiert, und flankiert von Känguruh und Emu

Fläche: 7 692 024 km²

Grenzen: keine Landgrenzen, 36 735 km Küstenlänge.

Bevölkerung: 18,5 Millionen, davon 386 000 Aborigines

Amtssprache: Englisch

Religionen: 27 % römisch-katholisch, 22 % anglikanisch.

Hauptstadt: Canberra

Größte Städte (in Mio.): Sydney: 3,88; Melbourne: 3,28; Brisbane: 1,52; Perth: 1,30; Adelaide: 1,08; Canberra: 0,31; Hobart: 0,20; Darwin: 0,08

Währung: Australischer Dollar (A$) von 100 Cents. Wechselkurs (Februar 2000): 1 Euro = 1,56 A$

Mitgliedschaften: UNO, (British) Commonwealth, OECD, ASEAN

Staatliche Feiertage: 26. Januar: Gründungstag, 25. April: ANZAC Day, 1. Dienstag im November: (Melbourne) Cup Day.

Zeittafel

vor 60 000–40 000	Einwanderung der Aborigines
vor 38 000	Erste Werkzeuge (in WA)
vor 32 000	Lagerstätte am Lake Mungo, NSW
vor 20 000	Erste Flintsteinwerkstätte und Malereien
vor 13 500–12 000	Trennung Tasmaniens vom Festland durch die Bass Strait
vor 8000	Trennung Neuguineas vom Kontinent durch die Torres Strait
seit 3. Jh. v. Chr.	„Terra australis" (Südland) von griechischen und römischen Philosophen vermutet
1606	Entdeckung des Golfs von Carpentaria und der Küste von Cape York durch die Holländer Willem Jansz und Jan Lodewycksz mit der „Duyfken"
1616	Landung des holländischen Kapitäns Dirck Hartog mit der „Eendracht" auf einer Insel in Shark's Bay an der Westküste
1629	Strandung der „Batavia" unter dem holländischen Kapitän François Pelsaert an der Westküste
1642/43	Entdeckung von Tasmanien durch Abel Janszon Tasman, das bis zur Mitte des 19. Jh. Van Diemen's Land genannt wurde
1688	Landung des britischen Abenteurers und Piraten William Dampier an der Nordwestküste Australiens bzw. 1699 an der Westküste
1766–69	Reise des französischen Kapitäns Louis Antoine de Bougainville, dem das Great Barrier Reef eine Landung unmöglich machte
1768–71	James Cooks erste Reise mit der „Endeavour". Entdeckung der Ostküste Australiens 1770
1788	Eintreffen der First Fleet unter Kapitän Arthur Phillip mit etwa 1000 Personen an der Ostküste Australiens, 26. Januar Zeremonie der Besitzergreifung von New South Wales
1788–1792	Arthur Phillip erster Gouverneur von NSW
1788–1868	Zeit der Sträflingsdeportationen (*transportations*) nach Australien Ende der Transporte nach NSW 1840, nach Van Diemen's Land 1853 und nach WA 1868. Insgesamt etwa 160 000 Personen deportiert
1802–03	Erste Umseglung des australischen Kontinents durch Matthew Flinders

1830	Vertreibung der Aborigines auf Tasmanien aus ihren Gebieten
1876	Tod von Truganini, der letzten Tasmanierin
1844–46	Ludwig Leichhardts Forschungsreise von den Darling Downs im Osten nach Port Essington an der Nordküste
1848	Scheitern einer Ost-West-Durchquerung des Kontinents durch Ludwig Leichhardt
1850	Australian Colonies Government Act
1851	Entdeckung von Gold in NSW und Victoria; Beginn des „Goldrausches"
1853–96	Ferdinand von Mueller baut als Government Botanist von Victoria in Melbourne das größte Herbarium der südlichen Hemisphäre auf
1855–59	Verantwortliche Regierungen (mit gewählten Legislativen) in den Kolonien NSW, Tasmania, Victoria, South Australia und Queensland; Western Australia erst 1890
1860–61	Burke und Wills' Süd-Nord-Durchquerung des Kontinents
1861	Telegraphenverbindung zwischen Sydney und Brisbane
1872	Telegraphenverbindung zwischen Port Augusta und Darwin, damit Kabelverbindung nach Europa
1879	Erster Intercolonial Trade Union Congress
1879–80	Weltausstellung in Sydney, 1880–81 in Melbourne
1877	Die Orient Linie: seitdem regelmäßige Dampfschiffahrtsverbindungen nach Europa
1885	Besitzergreifung imperialistischer Mächte im südwestpazifischen Raum; Deutschland besetzt den nordöstlichen Teil Neuguineas
1901, 1. Januar	Federation: Zusammenschluß der 6 Kolonien, seitdem „States" (Bundestaaten), zum Commonwealth of Australia; Schutzzollpolitik; „Immigration Restriction Act": landesweite Einführung der „White Australia Policy", restriktive Einwanderungspolitik bis Ende der 60er Jahre
1904	Commonwealth Conciliation and Arbitration Act: Registrierung der Gewerkschaften und Einführung eines Schiedsgerichts
1906	„New Protection": Koppelung von Schutzzoll und Arbeitslohn
1908	Begeisterter Empfang der „großen weißen Flotte" der USA in Sydney

1913	Grundsteinlegung zur Hauptstadt Canberra
1914, 5. August	Kriegseintritt Australiens gegen die Mittelmächte
1915, 25. April	Landung der Australian Imperial Force bei Gallipoli
6.–8. Aug.	vergebliche australische Angriffe
Ende Dez.	Rückzug von den Dardanellen
1917, September	Abschaffung deutscher Ortsnamen in South Australia
1918, 8. August	Durchbruch des Australisch-Neuseeländischen Armeecorps an der Westfront unter General Monash
11. November	Waffenstillstand, Australiens Kriegsverluste fast 60000 Mann
1919, 18. Januar	Beginn der Friedensverhandlungen in Paris
1922	Beginn des britischen Ausbaus der Festung Singapur
1927, 9. Mai	Eröffnung des Parliament House in Canberra
1931, Dezember	Abwertung des Australischen Pfund Sterling um $^1/_4$ seines Wertes
1932	Höhepunkt von Rezession und Arbeitslosigkeit: 28%
1938	Zusage, 15000 Juden aufzunehmen
1939, 4. September	Kriegserklärung an Deutschland
20. Oktober	Einführung der Wehrpflicht
1940, Januar	Aufnahme diplomatischer Beziehungen zu den USA; Eintreffen von über 2000 jüdisch-deutschen Emigranten
1941	Australische Truppen im Einsatz in Griechenland, Nordafrika und Syrien
1941, 8. Dezember	Krieg mit Japan beginnt
1942, 15. Februar	Kapitulation Singapurs, 15000 Australier in Gefangenschaft; erster japanischer Luftangriff auf Darwin
4.–8. Mai	Siegreiche Schlacht im Korallenmeer gegen Japan
1944, 21. Januar	ANZAC-Vertrag (Canberra-Pakt) zwischen Australien und Neuseeland
1945, 25. April	Teilnahme an UNO-Gründungskonferenz in San Francisco
15. August	Kapitulation Japans, Ende des Pazifischen Krieges
1946	Australische Einheiten (12000 Mann) als Besatzungstruppen in Japan
1945–1981	Einwanderung von etwa 5,4 Millionen Personen
1947	Abkommen mit der Internationalen Flüchtlingsorganisation über die Einwanderung von Flüchtlingen und „Displaced Persons"

1947	Kommunistenangst verbreitet; katholische Arbeitergruppen besonders aktiv
1949, Dezember	Wahlsieg der konservativen Liberalen unter Menzies
1950	Colombo-Plan: wissenschaftlich-technologische Entwicklungshilfe für Staaten des asiatisch-pazifischen Raums
1950–53	Korea-Krieg, Einsatz australischer Truppen
1951	ANZUS-Pakt zwischen Australien, Neuseeland und USA
1952	Aufnahme diplomatischer Beziehungen zur BRD; Vertrag über deutsche Auswanderung (bis 1961 109315 Deutsche in Australien)
1952–63	Britische Atombombenversuche in Australien
1954, April	Petrov-Affäre: Spionagechef bittet um Asyl, Sowjetunion bricht diplomatische Beziehungen ab
September	Australien Mitglied der neugegründeten South East Asia Treaty Organisation (SEATO)
1956, 22. 11.–8. 12.	Olympische Spiele in Melbourne
1957	Erster Handelsvertrag mit Japan
1962–72	Unterstützung der USA im Vietnamkrieg: 1962 Entsendung australischer Militärberater nach Südvietnam, 1965 eines ganzen Bataillons; 1968 stehen mehr als 8000 australische Soldaten in Vietnam; insgesamt fast 500 Gefallene
1967, 27. Mai	Volksentscheid über Entscheidungsgewalt des Federal Parliament in Aboriginal Angelegenheiten und Einbeziehung der Aborigines als „Bürger" bei Volkszählungen; 90,8% dafür
1972	Große Protestbewegung gegen Kriegseinsatz in Vietnam; Aboriginal Land Rights Movement protestiert mit Lager („Embassy") vor dem Parlamentsgebäude in Canberra
1972–75	Reformpolitik der Labor-Regierung unter Gough Whitlam; Abschaffung der Wehrpflicht; Aufnahme diplomatischer Beziehungen zu Volksrepublik China und DDR
1973	Königin Elisabeth II. fortan nur noch als „Queen of Australia" anerkannt; „Advance Australia Fair" wird Nationalhymne
1974	Darwin durch Zyklon zerstört
1975, 16. September	Papua-New Guinea unabhängig
11. November	Verfassungskrise: Entlassung der Whitlam-Regierung durch Generalgouverneur Kerr

13. Dezember	Liberal-Country-Party-Koalition gewinnt die Wahlen
1976	Aboriginal Land Rights (NT) Act, 1978 in Kraft
1983, 5. März	Labor-Regierung unter Robert (Bob) Hawke
1985, November	Übergabe des Nationalparks von Ayers Rock und Mount Olga mit den Namen Uluru und Kata Tjuta an die traditionellen Besitzer
1988	Zweihundertjahrfeiern (Landung der Ersten Flotte), Eröffnung des neuen Parlamentsgebäudes
1989, November	Gründung der Asia-Pacific Economic Cooperation (APEC)
1991, 19. Dezember	Paul Keating Nachfolger von Hawkes
1993	Mabo-Urteil zur Sicherung der Aboriginal Rechte
1996	Wik-Urteil in Aboriginal Landrechtsfrage; Wahlsieg John Howards, Koalition von Liberalen und der National Party
1997	Howards „Zehn-Punkte-Programm" zur Aborigines-Politik
1998, 26. Mai	„Entschuldigungstag" ohne offizielle Entschuldigung der Regierung für begangenes Unrecht an den Aborigines
3. Oktober	Neuwahlen mit Sieg der bisherigen Koalition unter Howard
1999	Ost-Timor-Krise
6. November	Volksentscheid: Australien bleibt konstitutionelle Monarchie
2000, September	Olympische Spiele in Sydney

Kleines Glossar

Alcheringa, engl. dreamtime	mythische Vergangenheit der Aborigines
Aboriginal/Aborigine	schwarzaustralisch/Schwarzaustralier
Antipodes	Antipoden (auf der Erdhalbkugel), australisch
Australasia	gemeinsame Bezeichnung für Australien und Neuseeland
billabong	Tümpel
billy	Kochtopf, Teepott
blowie	Fliege
barbie	Barbecue
brekkie	Frühstück
bush (Busch)	freies, offenes Land
bushman	Siedler im „Busch", Pionier
corroboree	Aboriginal Tanz
Commonwealth	Bezeichnung des australischen Staates
creek	Flußbett, das nur nach Regen Wasser führt
crook	krank, schlapp
digger	Goldgräber; austral. Soldat (im Schützengraben) des Ersten Weltkriegs
makarrata	Landrechte-Vertrag
mallee	semiarides Gebiet mit dichtem Strauchbewuchs
mulga	semiarides Gebiet mit Strauchbewuchs
dunny	Toilette
mate	(Arbeits)Kamerad
mateship	Kameradschaft
never-never	wüstenähnliches weites Land
ocker	typisch; Durchschnittsaustralier
outback	das Innere des Landes
Oz	Australien
pom, pommy	Engländer
stubby	kleine Bierflasche
station	Farm, Gehöft
sundowner	(swagman) kurz vor der Dunkelheit auf einer Farm eintreffender Gast, der als Tagelöhner Arbeit sucht
tucker	Eßbares, Essen
„Waltzing Matilda"	„mit dem Bündel (swag) auf der Walz (unterwegs)"; Gedicht von A. B. Paterson (1895), das lange die inoffizielle Nationalhymne war

Wichtige Abkürzungen

Staaten und Territorien

ACT	Australian Capital Territory
NSW	New South Wales
NT	Northern Territory
Qld	Queensland
SA	South Australia
Vic	Victoria
WA	Western Australia

Institutionen und Organisationen

ABC	Australian Broadcasting Corporation
ACTU	Australian Council of Trade Unions
ALP	Australian Labor Party
ANU	Australian National University
ANZAC	Australian New Zealand Army Corps
ANZUS	Australia-New Zealand-United States-Treaty (1951)
APEC	Asia Pacific Economic Cooperation
ASEAN	Association of South East Asian Nations
CAE	College of Advanced Education
CSIRO	Commonwealth Scientific and Industrial Research Organisation
ELSA	Evangelisch-Lutherische Synode in Australien
LCA	Lutheran Church of Australia
NAISA	National Aboriginal Skills and Developments Association
OECD	Organisation of Economic Cooperation and Development
SBS	Special Broadcasting Service
SEATO	South East Asia Treaty Organisation
TAFE	(College of) Technical and Further Education
VELKA	Vereinigte Lutherische Kirche in Australien

Verbindungen in und zu Australien

1. Diplomatische und konsularische Vertretungen

Bundesrepublik Deutschland in Australien

Botschaft: 119 Empire Circuit, Yarralumla, Canberra, ACT 2600
Tel.: 0061-2-627019 11. Fax: ...-62701951

Generalkonsulat in Melbourne: 480 Punt Road, South Yarra, VIC 3141
Tel.: 0061-3-98286888. Fax: ...-98202414

Generalkonsulat in Sydney: 13 Trelawney Street, Woollahra, NSW 2025
Tel.: 0061-2-93287733

Honorarkonsulat in Adelaide: Hindley Street, Adelaide, SA 5001
Tel.: 0061-8-82316320

Honorarkonsulat in Brisbane: 32nd Floor AMP Place, 10 Eagle Street,
Brisbane, QLD 4000
Tel.: 0061-7-32217819. Fax: ...-32297675

Honorarkonsulat in Darwin: 2 Sheppard Street, Darwin, NT 0800
Tel.: 0061-8-89843770. Fax: ...-89470037

Honorarkonsulat in Hobart: 348 Sandy Bay Road, Sandy Bay (Hobart),
TAS 7005
Tel.: 0061-3- 622311814

Honorarkonsulat in Perth: 16 St. George's Terrace, 8th Floor, Perth,
WA 6000
Tel.: 0061-8-93258851. Fax: ...-92213200

Bundesrepublik Österreich

Botschaft: 12 Talbot Street, Forrest, Canberra, ACT 2603
Tel.: 0061-2-62951376. Fax: ...-62396751

Generalkonsulat in Sydney: 2 Kingsland Road, Bexley, Sydney, NSW 2207
Tel.: 0061-2-95671008. Fax: ...-95672322

Generalkonsulat in Victoria: 107 Wellington Street, Windsor, VIC 3181
Tel.: 0061-3-95336900. Fax: ...-95336500

Schweiz

Botschaft: 7 Melbourne Avenue, Forrest, Canberra, ACT 2603
Tel.: 0061-2-62733977. Fax: ...-62733428

Generalkonsulat in Sydney: Suite 2301, Plaza II, 500 Oxford Street, Bondi
Junction, Sydney, NSW 2022
Tel.: 0061-2-93694244. Fax: ...-93691334

Greneralkonsulat in Melbourne: 420 St Kilda Road, 7th Floor, Melbourne, VIC 3004
Tel.: 00061-3-98672266. Fax: ...-98665907

Australische Vertretungen

in Deutschland

Botschaft: Friedrichstraße 200, 10117 Berlin
Tel.: (0049) 030-880088-357. Fax: ...-880088-3

in Österreich

Botschaft: Mattiellistr. 2–4, 1040 Wien
Tel.: 0043-1-5128580. Fax: ...-5132908

in der Schweiz

(vertreten von der Botschaft in Deutschland)

2. Vertretungen der Wirtschaft (Auswahl)

in Australien

German-Australian Chamber of Industry and Commerce (Deutsche Industrie- und Handelskammer): G. P. O. Box A 980, 2nd Floor, St Andrew's House, Sydney Square, Sydney, NSW 2000
Tel.: 0061-2-92614475/8. (9285 22 00). Fax: ...-92673807 (92652211)

German-Australian Chamber of Industry and Commerce (Deutsche Industrie- und Handelskammer): Hoechst House, 5th Floor, 606 St Kilda Road, Melbourne, VIC 3004
Tel.: 0061-3-95105826. Fax: ...-95101835

Delegation of the European Commission. G. P. O. Box 609, 18 Arakana Street, Yarralumla Canberra, ACT 2600
Tel.: 0061-6-2712777. Fax: ...-273444

GAST in Australia (German-Austrian-Swiss-Trade). P. O. Box 34, Bermagui South, NSW 2546
Tel.: 0061-64-934552. Fax: ...-934900

German National Tourist Board, Lufthansa House, 9th Floor, 143 Macquarie Street, Sydney, NSW 2000
Tel.: 0061-2-93673890. Fax: ...-93673898

Australische Vertretungen in Europa

in Deutschland

Australian Trade Commission, Neuer Wall 39, 20354 Hamburg
Tel.: 040-367138. Fax: ...- 364505

Australian Trade Commission, Gutleutstr. 85/IV. 60329 Frankfurt/M.
Tel.: 069-2739090. Fax: ...-232631

Australisches Fremdenverkehrsamt, Neue Mainzer Str.22, 60311 Frankfurt/M.
Tel.: 069-2740060. Fax: ...-27400640

in der Schweiz

Australian Immigration and Trade Service. Postfach 457, 3800 Interlaken
Tel.: 0041-33-8230953. Fax: ...-8230952.

Bankverbindungen

in Australien

BHF-Bank, Level 7, Challenge Tower, 459 Collins Street, Melbourne,
VIC 3000
Tel.: 0061-3-96148222. Fax: ...- 96148222

Commerzbank, G.P.O Box 5358, Sydney, NSW 2001
Tel.: 0061-2-92215700. Fax.: ...-92215605

Deutsche Bank Australia, Level 23, 333 Collins Street, Melbourne,
VIC 3000
Tel.: 0061-3-92704444. Fax: ...- 92704451

Dredner Australia Ltd., Level 20, No 2 Market Street, Sydney, NSW 2000
Tel.: 0061-2-92862088. Fax: ...-92862098

Deutschsprachige Medien

Die Woche in Australien, (begr. 1956), Euro-Media Pty Ltd., 1–3 Seddon
Street, Bankstown, NSW 2200

Deutschsprachiger Adressenführer in Australien. Hg. v.d. Woche Foundation
Ltd., Locked Bag 22, Bankstown, NSW 2200

Literaturhinweise

Reiseführer und -handbücher (für den Touristen kommentiert)

Abrecht, Steffen: Australien. Reisehandbuch. Dormagen: Iwanowski's Reise-
handbuchverlag, 6. Aufl. 2000.
Reiserouten mit Ortsbeschreibungen, regionale Reisetips mit Informationen
über Land, Ortschaften, Geschichte und Wissenswertes. Kurze Literaturhin-
weise.

Baedeker: Allianz Reiseführer Australien. Ostfildern: Verlag Karl Baedeker,
Marco Polo Zentrum, 3. Aufl. 1997.
Kurze, landeskundliche Einführung, historischer Abriß etc. Gliederung nach
Staaten, innnerhalb dieser alphabetische Reihenfolge der beschriebenen
Orte.

Bostock, Louise, et al.: vis à vis Australien. Travel Handbuch. Berlin: Stefan
Loose Verlag, 4. Aufl. 1999 (mit Extra-Reisekarte).
Viele Tips für Unterkunft, Restaurants, etc. Kurze Einführungen in Regionen,
Hinweise auf Land, Flora, Fauna, Kultur; aber kein landeskundlicher
Überblick. Ansprechende Abbildungen.

Dusik, Roland: Australien. Reise Handbuch (Reihe: „Richtig reisen"). Köln:
DuMont Buchverlag 1992.
Solide gearbeitet, mit allgemeinem Überblick, geographischem Teil, vielen
Detailangaben sowie Reisetips. Ausgezeichnete Farbaufnahmen.

Finlay, Hughes et al.: Australia. London: Lonely Planet Publication, 9. Aufl.
1998.
Umfangreicher Führer auf englisch. Kurze allgemeine Einführung, praktische Hinweise. Gliederung nach Staaten, Angaben über Hotels, Restaurants
etc. Skizzen, Karten.

Hantig, Christian E.: Roter Kontinent Australien. Abenteuer, Tips, Routen.
(Reihe: Mountain Bike Touren) Stuttgart: Pietsch Verlag, 1990.
Persönlicher Erlebnisbericht, mit Hinweisen für Radfahrer. Keine Über-
sichtskarte.

Henniges, Rolf: Australien. Abenteuerliche Motorradstrecken auf dem fünf-
ten Kontinent. Stuttgart: Motorbuch Verlag, 1996.
Beschreibung von 8 Routen, Tips für Ausrüstung und Fahrten im „outback".
Nur nützlich für motorisierte und abenteuersuchende Touristen.

Hinkelmann, Klaus G.: Off Road Handbuch Australien. Stuttgart: Pietsch
Verlag, 1991.
Sachlich geschriebenes Buch für „Individualtouristen" mit Auto. Vorschläge
für Fahrzeug und „Tracks". Gelungene Fotos (mit Auto).

Hoff, Edgar: Australien. Reisen-Knowhow. Das Reisehandbuch für einen
außergewöhnlichen Kontinent. Rappweiler: Edgar Hoff Verlag, 6. Aufl.
1996.
Guter Wegweiser mit detaillierten Ortsbeschreibungen und nützlichen
Adressenangaben. Die landeskundlichen Einführungen zu den Regionen
nicht immer zuverlässig, die Literaturauswahl ohne erkennbare Kriterien.

Ivory, Michael: Australien (Übers. aus dem Englischen). München: RV (Falk) Verlag, 4. Aufl. 1999.
Gute Ortsbeschreibungen, mit Einschub von „Specials"; sehr gute Ausstattung, aber kein Überblick über Land und Geschichte.

Luyken, Hans W. unter Mitarbeit von Detlef Kramer: Australien. Reiseführer. Dreieich: Mai-Verlag, 1995. (Mit Reiseatlas).
Detaillierte Beschreibung von Orten. Nützliche landeskundliche Einführung.

Lux, Norbert R.: Australien. Pforzheim: Goldstadt Verlag, 1996. (Goldstadt Reiseführer Bd. 231)
Beschreibung von 9 Routen durch Australien. Ungenauigkeiten im kurzen Abriß; Übersetzungen ins Deutsche wie „Heidelberger Schule" irritieren.

Stein, Conrad: Australien Handbuch. Reise Handbuch. Kronshagen: Conrad Stein Verlag, 13. Aufl. 1997.
Oktav-Format. Kurze allgem. Einführung unbefriedigend. Praktische Hinweise für 9 Routen von Sydney, Canberra etc. aus. Nützlich „Praktisches von A bis Z".

Viedebantt, Klaus und Thomas Widmann: Australien – Melbourne, Tasmanien, der Westen. (Bildatlas, Spezial). Ostfildern: Mairs Geographischer Verlag, 1997.
Überwiegend Stadtbeschreibungen, hervorragende Bilder.

Viedebantt, Klaus: Australien. Reisen mit Insider-Tips. Ostfildern: Mairs Geographischer Verlag, 6. Aufl. 1999/2000. (Reihe Marco Polo)
Kleiner schmaler Band. Kurze Informationen über Land und Leute, desgleichen über Städte und Regionen. Wichtigste Adressen, Öffnungszeiten von Museen etc. Kurzer engl. Sprachführer, im Anhang sogen. Reiseatlas.

Wegner, Dirk: Australien. Ein Reisebuch in den Alltag (Reihe: rororo anders reisen). Reinbeck bei Hamburg: Rowohlt Taschenbuch Verlag GmbH, 1996.
Gute allgemeine Einführung in Geschichte, Staat, Wirtschaft etc., dann regionale Touren und Reisetips; leider keine Literatur.

Zur Vorbereitung und Vertiefung empfohlen

Bibliographie
Image of a Continent. A Bibliography of German Australiana from the Beginnings to 1975. Bild eines Kontinents. Eine Bibliographie deutscher Australiana von den Anfängen bis 1975. Wiesbaden: Otto Harrassowitz, 1990.

Quellenveröffentlichungen
Australische Erzähler von Marcus Clarke bis Patrick White. Hg. v. Hans Petersen. Berlin: Verlag Volk und Welt, 2. Aufl. 1984.
Beckler, Hermann: Entdeckungen in Australien: Briefe und Aufzeichnungen eines Deutschen 1855–1862. Hg. v. Johannes H. Voigt. Stuttgart: Jan Thorbecke Verlag, 2000.
Flannery, Tim (Hg.): The Explorers. Melbourne: The Text Publishing Company, 1998.
Modern Australia in Documents Bd. 1: 1901–1939. Bd. 2: 1939–1970. Hg. von F. K. Crowley. Melbourne: Wren Publishing Pty Ltd, 1973.

Regardfully Yours. Selected Correspondence of Ferdinand von Mueller. Volume I: 1840–1859. Hg. von R. W. Home, A. M. Lucas, Sara Maroske, D. M. Sinkora und J. H. Voigt. Bern etc.: Peter Lang, 1998.

Voigt, Johannes H. (Hg.): Die Erforschung Australiens. Der Briefwechsel zwischen Ferdinand von Mueller und August Petermann 1861–1878. Gotha: Justus Perthes Verlag Gotha, 1996.

Nachschlagewerke

Australians. Events and Places. Hg. v. Graeme Aplin, S. G. Foster und Michael McKernan. Broadway, NSW: Fairfax, Syme & Weldon Associates, 1987.

Australians. Historical Statistics. Hg. v. Wray Vamplew. Broadway, NSW: Fairfax, Syme & Weldon Associates, 1987.

Reader's Digest Atlas of Australia. Sydney: Reader's Digest Services Pty Ltd, 1977.

The Australian Encyclopaedia. Hg. v. d. Crolier Society. Sydney: Crolier Society, 4. Aufl. 1983.

The Australian People. An Encyclopedia of the Nation, its People and their Origin. Hg. v. James Jupp. North Ryde, NSW: Angus and Robertson Publishers, 1988.

The Concise Encyclopedia of Australia. Hg. v. John Shaw. (1. Aufl. Sydney, William Collins, 1984. 2. überarb. Aufl: Buderim, Qld.: David Bateman Pty Ltd. (o. J.)

The Dictionary of Australian Quotations. Hg. von Stephen Murray-Smith. Richmond, Vic.: Heinemann Publishers Australia Pty Ltd 1984.

The Macquarie Book of Events. Hg. v. Bryce Fraser. Sydney: The Macquarie Library Pty Ltd, 1983 (repr. 1988).

Biographische Nachschlagewerke

A Biographical Register 1788–1939. Hg. v. H. J. Gibbney und Ann G. Smith. 2 Bde. Canberra: Australian Dictionary of Biography, Australian National University, 1987.

Australian Dictionary of Biography. Bd. 1-14 und Registerband. Melbourne: Melbourne University Press, 1966–1996.

Monash Biographical Dictionary of 20th Century Australia. Hg. v. John Arnold und Deindre Morris. Melbourne: Reed Reference Publishing, 1994.

Notable Australians. The Pictorial Who's Who. Sydney etc.: Prestige Publishing Division Paul Hamlyn Pty Ltd, 1978.

Who's Who in Australia. Melbourne: The Herald and Weekly Times Ltd. 26. Ausg. 1988.

Periodische Veröffentlichungen

Archiv der Gegenwart (bis 1999).

Australian Journal of Politics and History. University of Queensland and Blackwell Publishers. (Bis Bd. 45, Nr. 2, Juni 1999.)

The Book of Australia. Sydney: The Watermark Press, 1990, Neuauflage 1997.

Yearbook Australia 1988, Number 71, und folgende Jahre bis 1997, Number 79. Hg. vom Australian Bureau of Statistics. Canberra: Commonwealth Government Printer.

Allgemeine Einführungen

Bader, Rudolf (Hg.): Australien. Eine interdisziplinäre Einführung. Trier: Wissenschaftlicher Verlag Trier, 1996.

Lamping, Heinrich: Australien (Reihe: Perthes Länderprofile). Gotha und Stuttgart: Klett-Perthes, Justus Perthes Verlag Gotha GmbH, Gotha, 2. Aufl., 1999.

Lamping, H. und M. Linke (Hg.): Australia. Studies on the History of Discovery and Exploration. Frankfurt/Main: Selbstverlag des Instituts für Wirtschafts- und Sozialgeographie der Johann Wolfgang Goethe Universität, 1994.

Löffler, Ernst und Reinhold Grotz: Australien. Darmstadt: Wissenschaftliche Buchgesellschaft, 1995.

Stilz, Gerhard und Heinrich Lamping (Hg.). Australienstudien in Deutschland. Grundlagen und Perspektiven. Bern etc.: Peter Lang, 1990.

Wopfner, Helmut: Australien. Stuttgart: Ferdinand Enke Verlag, 1997 (Bd. 4 in der Reihe „Geologie der Erde").

Aborigines

Erckenbrecht, Corinna: Frauen in Australien. „Aboriginal Women" gestern und heute. Bonn: Holos Verlag, 1993.

Lawlor, Robert: Am Anfang war der Traum. Die Kulturgeschichte der Aborigines. Aus d. Amerik. übers. v. Irene Bisang und Karin Tschumper. München: Droemer Knaur 1993.

Pattel-Gray, Anne: Through Aboriginal Eyes. The Cry from the Wilderness. Genf: World Council of Churches, 1991.

Wilpert, Clara (Hg.): Der Flug des Bumerang. 40000 Jahre Australier. Hamburg: Hans Christians Verlag, 1987.

Wright, Judith: We Call for a Treaty. Sydney: Collins/Fontana 1985.

Geschichte

Clark, Charles Manning Hope: A History of Australia. Bd. 1–6. Melbourne: Melbourne University Press, 1962–1987. (Bd. 6 umfaßt den Zeitraum 1916–1935).

Martin, Gerd (Hg.): The Founding of Australia. The Argument about Australia's Origins. Sydney: Hale & Iremonger, 1978.

Moses, John A. (Hg.): Historical Disciplines in Australasia: Themes, Problems and Debates. In: Australian Journal of Politics and History 1995, Volume 41, Special Issue.

Voigt, Johannes H.: Geschichte Australiens. Stuttgart: Alfred Kröner Verlag, 1988.

Gesellschaft

Blakeney, Michael: Australia and the Jewish Refugees. Beckenham, Kent: Croom Helm Australia Pty Ltd, 1985.

Collins, J.: Migrant Hands in a Distant Land. Sydney: Pluto Press, 1988.

Hardy, John (Hg.): Stories of Australian Migration. Kensington, NSW: New South Wales University Press in association with the Australian Academy of Humanities, 1988.

Hutton, Drew (Hg.): Green Politics in Australia. North Ryde, NSW, 1987.

James Jupp (Hg.): The Australian People. An Encyclopedia of the Nation, its People and their Origins. North Ryde, NSW: Angus and Robertson, 1988.

Jurgensen, Manfred und Alan Corkhill (Hg.): The German Presence in Queensland over the last 150 years. St. Lucia: Department of German, University of Queensland, 1988.

Kwiet, Konrad und John A. Moses (Hg.): On being a German-Jewish Refugee in Australia. In: The Australian Journal of Politics and History, 1985, Vol. 31, No. 1 (Special Issue).

Lodewyckx, A.: Die Deutschen in Australien. Stuttgart: Ausland und Heimat Verlags AG, 1932. Schriften des Deutschen Ausland-Instituts Stuttgart, Bd. 32.

Senn, Werner und Giovanna Capone (Hg.): The Making of a Pluralist Australia 1950–1990. Selected Papers from the Inaugural *EASA* Conference 1991. Bern etc.: Peter Lang, 1992.

Sherrington, Geoffrey: Australia's Immigrants 1788–1988. Sydney etc.: Allen & Unwin, 2. Aufl. 1990.

Stilz, Gerhard (Hg.): Gold – Geld – Geltung. Ressourcen und Ziele der australischen Gesellschaft. Tübingen: Stauffenberg Verlag, 1997.

Stilz, Gerhard und Rudolf Bader (Hg.): Australien zwischen Europa und Asien. Bern etc.: Peter Lang, 1993.

Voigt, Johannes H. (Hg.): New Beginnings. The Germans in New South Wales and Queensland. Neuanfänge. Deutsche in New South Wales und Queensland. Eine Festschrift. Stuttgart 1983. Institut für Auslandsbeziehungen. Materialien zum internationalen Kulturaustausch. Bd. 20, 1983.

Staat und Verfassung

Crisp, L. F.: Australian National Government. Camberwell, Victoria: Longman. Repr. 1971.

La Nauze, John A.: The Making of the Australian Constitution. Melbourne: Melbourne University Press, 1972.

Matthäus, Jürgen: Nationsbildung in Australien von den Anfängen weißer Besiedlung bis zum Ersten Weltkrieg (1788–1914). Frankfurt am Main etc: Peter Lang, 1993.

Quick, J. und R. R. Garran: The Annotated Constitution of the Australian Commonwealth. Melbourne: Angus and Robertson, 1901.

Rydon, Joan: Australia. In: Constitutions of the Countries of the World. Hg.

von Albert P. Blaustein and Gisbert H. Flanz. New York: Oceana Publications, Inc. Dobbs Ferry, (November) 1991.

Sawer, Geoffrey: Australian Government Today. Melbourne: Melbourne University Press, 13. Aufl. 1988.

Smith, Rodney: Politics in Australia. St Leonards, NSW: Allen & Unwin, 2. Aufl. 1993.

Außen- und Sicherheitspolitik

Grant, Don und Graham Seal (Hg.): Australia in the World. Perceptions and Possibilities. Papers from the ‚Outside Images of Australia‘ conference Perth, 1992. Perth: Black Swan Press, 1994.

Millar, T.B.: Australia in Peace and War. External Relations 1788–1977. Canberra: Australian National University Press, 1978.

Voigt, Johannes H.: Australia – Germany. Two Hundred Years of Contacts, Relations and Connections. Bonn: Inter Nationes, 1987. (Deutsche Fassung: Hamburg: Institut für Asienkunde 1988).

Wirtschaft

Dieter, Heribert: Australien und die APEC. Hamburg: Institut für Asienkunde, 1994.

Goessler, Donna: Bundesstelle für Außenhandelsinformation. Australien. Rechtstips für Exporteure. Köln: Bundesstelle für Außenhandelsinformation, 1994.

Perlet, Claudine: Soziale Sicherung gegen Arbeitslosigkeit in Australien. Geschichte, Gesamtsystem, Reformtrends. Baden-Baden: Nomos Verlagsgesellschaft, 1999.

Sheridan, Greg (Hg.): Living with Dragons. Australia eonfronts its Asian Destiny. Sydney: Allen and Unwin, 1995.

Snape, Richard H., Lisa Gropp und Tas Luttrell (Hg.): Australian Trade Policy 1965–1997. A Documentary History. St Leonards, NSW: Allen & Unwin Pty Ltd, 1998.

Kultur und Wissenschaft

Corkhill, Alan: Antipodean Encounters. Australia and the German Literary Imagination 1754–1918. Bern etc.: Peter Lang, 1990.

Goldberg, S. L. und F. B. Smith (Hg.): Australian Cultural History. Cambridge: Cambridge University Press, 1988.

Home, R.W. (Hg.): Australian Science in the Making. Cambridge: Cambridge University Press, 1988.

Home, R. W. (Hg.): The Scientific Savant in Nineteenth Century Australia. Canberra: Australian Academy of Science, 1997. (Historical Records of Australian Science, Volume 11, Number 3.)

Hooton, Joy und Harry Heseltine: Annals of Australian Literature. Melbourne: Oxford University Press, 2. Aufl. 1992.

Kuna, Franz: Studying Australian Culture. An Introductory Reader. Hamburg: Verlag Dr. Kovac, 1994.

Schmidt, Barbara: Die verordnete Kultur. Stereotypen der australischen Literaturkritik. Frankfurt am Main etc.: Peter Lang, 1990.

The Oxford Companion to Australian Literature. Melbourne: Oxford University Press, 2. Aufl. 1994.

Who's Who of Australian Writers. Melbourne: Thorpe, 1991.

Religion

Sauer, Paul: Uns rief das Heilige Land. Die Tempelgesellschaft im Wandel der Zeit. Stuttgart. Konrad Theiss Verlag, 1985. Übers. ins Engl. von Gunhild Henley: The Holy Land Called. Melbourne: Temple Society, 1991.

Auswanderung

Sackstedt, Ulrich F.: Australien. Handbuch für Auswanderer. Stuttgart: Pietsch, 1996.

Australien im Internet

Überblick
www.statistics.gov.au
www.australia.com
(dazu die Einzelstaaten,
... com/nsw...)
www.atc.gov.au

Geographie, Klima, Umwelt
www.auslig.gov.au
www.environment.gov.au
www.ea-gov.au

Geschichte, Politik
www.nla.gov.au
www.aph.gov.au
www.dfat.gov.au
www.adfa.oz.au

Sozialwesen
www.centrelink.gov.au

Ausbildung und Arbeitsmarkt
www.deet.gov.au
www.dwrsb.gov.au

Sport und Olympia
www.ausport.gov.au
www.sydney.olympic.org.

Wissenschaftlicher Austausch
www.dist.gov.au

Kunst, Kultur und Medien
www.ozco.gov.au
www.dca.gov.au

Wirtschaft
www.pm.gov.au
www.dot.gov.au
www.dpie.gov.au
www.dca.gov.au
www.dist.gov.au
www.austrade.gov.au

Studium und Einwanderung
www.aief-edu.au
www.immi.gov.au
www.elicos.edu.au

Australischer Automobilclub
www.nrma.com.au

Danksagung

Vielen, die direkt und indirekt zur vorliegenden Arbeit beigetragen haben, schulde ich Dank: in Stuttgart der Württembergischen Landesbibliothek, dem Institut für Auslandsbeziehungen und der Universitätsbibliothek. In größter technischer Bedrängnis fand ich Hilfe im Institut für maschinelle Sprachverarbeitung, insbesondere bei Professor Dr. C. Rohrer, Dipl.-Inf. Edgar Hoch sowie den Sekretärinnen. Immer wieder profitierte ich von meinen Kollegen und Kolleginnen, die an der Edition des Briefwechsels von Ferdinand von Mueller beteiligt sind: R. W. Home, A. M. Lucas, Sara Maroske, D. M. Sinkora und Monika Wells. Eine nie versiegende Informationsquelle war Walter Struve in der State Library of Victoria.

Dem Verlag C. H. Beck bin ich für die vorzügliche Betreuung der Arbeit im Lektorat von Dr. Christine Zeile sehr zu Dank verpflichtet. Carola Samlowsky und Petra Rehder haben mit ihrem persönlichen Engagement entscheidend dazu beigetragen, daß die Drucklegung termingerecht erfolgen konnte.

Carmen Maria Voigt-Graf und Michael Graf bin ich für praktische Führungen sowie viele nützliche Informationen dankbar. Meiner Frau Ingrid danke ich für ihre Kritik am Text, Sebastian und Rebecca für ihr Interesse am Gedeihen der Arbeit.

Marbach/Neckar   *Johannes H. Voigt*

Register

0   200   400 km

Melville
Bathurst
Island
Da
Katherine

Indischer
Ozean

Kimberley
Wyndham

Derby
Broome

Port Hedland

Great Sandy
Desert

Tana
Des

Onslow

Hamersley Range

Lake
Mackay

Südlicher Wendekreis

Newman

Gibson
Desert

Kata
Tjuta ★

Aye
Ro
★ Ul

Lake
Macleod

Western
Australia

Carnavon

Dirk Hartog
Island

Denham

Mt. Magnet

Laverton

Great Victoria
Desert

Geraldton

Leonora

Kalgoorlie

Nullarbor Plain

Eucla

Perth
Fremantle

Great Australi
Bight

Bunbury

Esperance

Albany

Indischer
Ozean

N

Länder und Städte
in der Beck'schen Reihe

Kunstgeschichte

Hans Belting
Bild und Kult
Eine Geschichte des Bildes vor dem Zeitalter der Kunst
2. Auflage 1991.
700 Seiten mit 308 Abbildungen, davon 12 in Farbe.
Leinen im Schuber

Hans Belting
Das unsichtbare Meisterwerk
Die modernen Mythen der Kunst
1998. 551 Seiten mit 192 Abbildungen. Leinen

Hans Belting/Lydia Haustein (Hrsg.)
Das Erbe der Bilder
Kunst und moderne Medien in den Kulturen der Welt
Aus dem Englischen (N. Hashimoto, U. Kim)
sowie aus den Chinesischen (Li Xiang Ting) Ting-i Li, Berlin,
in Zusammenarbeit mit den Herausgebern
1998. 204 Seiten mit 36 Abbildungen,
davon 5 in Farbe, Klappenbroschur

Werner Hofmann
Die Moderne im Rückspiegel
Hauptwege der Kunstgeschichte
1998. 399 Seiten mit 214 Abbildungen. Leinen

Heinrich Klotz
Kunst im 20. Jahrhundert
Moderne – Postmoderne – Zweite Moderne
2., durchgesehene Auflage. 1999.
212 Seiten mit 93 Abbildungen, davon 8 in Farbe. Paperback
(Beck'sche Reihe Band 1337)

Verlag C. H. Beck München